わたしの
とっておき
サラダ

渡辺有子
飛田和緒
カノウユミコ
ワタナベマキ
なかしましほ
瀬戸口しおり
牧田敬子

サラダは、自由で気軽な料理です。

ドレッシングであえたみずみずしい生野菜も、香ばしくグリルし、マリネした野菜も、しっとり蒸し上げ、たれをからめた野菜も、みんなサラダ。同じ素材の組み合わせでも、ちょっとした仕立ての違いで、夕飯のおかずにもなれば、お酒のおつまみにも、常備菜にもなる。気分に合わせ、場面に合わせ、多彩にアレンジできます。

この本は、料理のプロ7人が、七者七様につくったサラダのレシピ集です。いつものあの野菜が、こんなサラダにも、あんなサラダにもなる！ そのヒントがたくさん詰まっています。みなさんも、季節の移ろいとともに野菜の旬を感じながら、サラダを自在に楽しんでみませんか。

目次

渡辺有子さんの おもてなしの サラダ 6

トマトと牛肉のハニーバジルサラダ 8
さわら、かぶ、グレープフルーツのサラダ 9
焼きなすとじゃこのサラダ 10
いわしとクレソンのサラダ 11
ズッキーニといかのグリルサラダ 12
押し麦とハムとアスパラのサラダ 13
焼きアボカドとえびのヨーグルトサラダ 14
きゅうりと枝豆のアンチョビサラダ 16
れんこんと白身魚のカルパッチョ 17
にんじんとハーブ卵焼きのサラダ 18

飛田和緒さんの 家族で食べる ふだんのサラダ 20

かぶとオイルサーディンのカルパッチョ風 22
ロメインレタスとクルトンのサラダ 23
しば漬けのサラダ 24
長野のやたら 25
昔ながらのマカロニサラダ 26
ゆで卵とアボカドのサラダ 26
トマトのおひたし 27
せん切りキャベツのサラダ 28
せん切りじゃがいものわさび酢あえ 29
くし切りレタスとしらすのサラダ 30

カノウユミコさんの ハーブ、 香味野菜のサラダ 32

にんじんのサラダ ローズマリー風味 34
焼きなすのバジルアーモンドソースがけ 35
オレガノ、フルーツトマト、塩豆腐のサラダ 36
パセリ風味のおからサラダ 37
夏野菜の中近東ハーブサラダ 38
グリルかぼちゃとディルのサラダ 39
きのこと焼きねぎのカルパッチョ風 40
玄米と和ハーブのライスサラダ 42
焼きキャベツとルッコラのサラダ 43
じゃがいもとセルフィーユのサラダ ズッキーニドレッシング 44

ワタナベマキさんの 干し野菜、 乾物のサラダ 46

半干しきゅうりと黒米のサラダ 50
焼きキャベツとそら豆のドライトマトソースがけ 51
大豆とたこのケイパーサラダ 52
刻み麩と長ねぎの辛みサラダ 53
白いんげん豆とカリフラワーのビネガーサラダ 54
半干しにんじんとささみのレモンマリネ 56
切り干し大根としょうがの黒酢サラダ 56
ひじきとれんこんの梅サラダ 57
じゃがいもとレンズ豆のクミンサラダ 58
半干ししきのことさや豆のゆずこしょうサラダ 59

なかしましほさんの アジアンサラダ 66

- にんじんのソムタム風　68
- レモンそぼろのレタス包み　68
- 香菜ポテトサラダ　69
- 蒸し鶏とキャベツのコールスロー　70
- 刺身とラディッシュのマリネ　71
- きゅうりとハーブのサラダ　72
- ひじきと春雨のジンジャーサラダ　74
- 牛肉とクレソンのサラダ　75
- かぼちゃとココナッツミルクのサラダ　76
- えびと温野菜のピーナッツソース　77

瀬戸口しおりさんの 果物を使ったサラダ 80

- なしの韓国風サラダ　82
- いちごと合鴨スモークのサラダ　83
- 柿と黒米玄米、香菜のサラダ　84
- ぶどうのサラダ　塩麹ドレッシング　85
- メロンとズッキーニ、カッテージチーズのサラダ　86
- 冬瓜とスウィーティーのサラダ　88
- ドライマンゴーとにんじんのサラダ　89
- キャラメルりんごとクスクスのサラダ　90
- きんかんとうどのサラダ　91
- りんご入りロシア風ポテトサラダ　92

牧田敬子さんの 一素材でつくるサラダ 94

- クレソンのサラダ　ゆで卵添え　96
- ミニトマトのはちみつレモンスープ　97
- アボカドのサラダ　チリ風味　98
- じゃがいものターメリッククリーム　99
- にんじんのレモンサラダ　100
- 塩セロリ　ディル風味　100
- サニーレタスのヨーグルトドレッシング　102
- かぼちゃの温サラダ　102
- もやしの辛みサラダ　103
- 焼きなすの冷製　104

- 野菜の干し方　48
- 豆のゆで方　49
- わたしのとっておきドレッシング　60
- わたしのとっておきディップ　64
- サラダに使う調味料について　106
- サラダに使う道具について　108
- 素材別さくいん　110

本書の決まりごと
・1カップは200ml、大さじ1は15ml、小さじ1は5mlです。いずれもすりきりで量ります。
・材料内の塩は、自然塩を指します。
・材料内のオリーブ油は、エキストラバージンオリーブ油を指します。
・オーブン、オーブントースター、魚焼きグリルなどは、機種によって差があります。
レシピに記載した加熱時間や温度を目安に、様子をみながら加減してください。
また、取扱説明書などをよくお読みの上、正しくお使いください。

渡辺有子さんの おもてなしの サラダ

ふだんも、おもてなしも変わらない。でも、ちょっとだけ驚きがある

 渡辺さんの考えるサラダとは、煮込みのように一体となった味わいが生み出されるものとは違い、「素材一つ一つの持ち味が、シンプルに組み合わされた料理」。だから、どの素材をどう合わせるかがとても大切。
 ただ、それがおもてなしのサラダだからといって、特別に工夫をこらした素材合わせになるわけではないと、渡辺さんはいいます。「『この組み合わせ、いいね』と喜ばれれば、もちろんうれしい。でも、季節感をベースに、食感の組み合わせ、味の組み合わせを考えるのは、ふだんもおもてなしも一緒なんです。ハーブや果物を使うと、色や香りがいつもより華やかかな、というくらいで」
 そんな渡辺さんのおもてなしサラダが、ゲストを「お!?」と引きつけるのは、素材合わせ以外のところに、渡辺さんならではの「ちょっとした驚き、おもしろさ」をきかせているから。
 「ふだんと同じレシピでも、たとえば大胆に大ぶりに切ったり、逆にすべて細かく刻んだり。あえずに器に分けて盛ったり、重ねたりするだけでも、おもてなし感はぐっと出てくると思います」

"どんな料理にも合わせやすいのは、白い器。食器は雑貨ではなく、文字通り、食べ物のための器だから、器の中に入る「食材」がすべてだと思っています"

profile
yuko watanabe

料理家。東京都生まれ。旬と素材の持ち味を大切にした料理が、シンプルなライフスタイルとともに人気を集めている。近著に『おいしいつくりおき—つくりおきレシピ34、それを使った料理32』(東京地図出版)、『スープの教科書　新しいうまみの引き出し方』(家の光協会) など。

トマトと牛肉の ハニーバジル サラダ

マリネしたトマトはフルーティーなソースのよう。牛肉のぜいたくなうまみと絶妙に合います。

材料（2〜3人分）

- ミニトマト ― 20個
- A [酢 ― 小さじ1½
   はちみつ ― 小さじ2]
- 牛切り落とし肉 ― 150g
- 塩、黒こしょう ― 各適量
- バター ― 小さじ2
- しょうゆ ― 小さじ2
- 粒マスタード ― 小さじ1½
- オリーブ油 ― 小さじ2
- バジル ― 6枚

つくり方

1 ミニトマトはへたを取って半分に切り、ボウルに入れる。Aの材料をからめてなじませておく。

2 牛肉に塩、黒こしょうをふる。フライパンにバターを溶かして牛肉をさっと焼き、しょうゆをふって火を止める。

3 1に粒マスタード、オリーブ油を加えて混ぜる。

4 2の牛肉、3のミニトマトを器に盛り合わせ、バジルの葉をちぎって散らす。

yuko watanabe

さわら、かぶ、グレープフルーツのサラダ

焼いた魚とほろ苦いグレープフルーツの組み合わせが新鮮。飽きのこないすっきりした味わいです。

材料（2〜3人分）

- さわら（切り身）── 2切れ
- グレープフルーツ ── 1個
- かぶ ── 2個
- ラディッシュ ── 2個
- 塩 ── 適量
- オリーブ油 ── 大さじ1
- 薄力粉 ── 適量
- ごま油 ── 小さじ2
- パセリ（粗いみじん切り）── 大さじ1

つくり方

1 さわらはそれぞれ3等分に切り、塩を軽くふってしばらくおく。

2 グレープフルーツは皮をむき、薄皮から果肉を1房ずつ取り出す。かぶは皮をむいて薄切りにする。ラディッシュも薄い輪切りにしてかぶと合わせ、塩小さじ1/5をふってなじませる。

3 かぶ、ラディッシュから出た水分を軽くきり、グレープフルーツと合わせ、オリーブ油をふってからめる。

4 さわらの水分をペーパータオルでふき、薄力粉をまぶす。フライパンにごま油を熱してさわらを並べ入れ、両面をしっかり焼きつける。

5 3、4を器に盛り合わせ、パセリを散らす。

焼きなすとじゃこのサラダ

材料（2〜3人分）
- なす — 6個
- みょうが — 3個
- ちりめんじゃこ — 大さじ2
- たれ
  - レモン（しぼり汁）— 小さじ2
  - ナンプラー — 小さじ1 1/2
  - ごま油 — 大さじ1
  - 黒こしょう — 適量
- 香菜（シャンツァイ）— 適量

つくり方
1. なすは熱した焼き網（または魚焼きグリル）で、全体に真っ黒な焦げ目がつくまで強火で焼く。すぐに水にさっとくぐらせ、皮を手早くむく。水けをよくふき、へたを切る。
2. みょうがは縦半分に切って縦薄切りにする。
3. 1のなすの水けをしっかりしぼって器に盛り、みょうが、じゃこをのせる。たれの材料を混ぜ合わせて回しかけ、香菜の葉の部分をのせる。

とろりとした焼きなすに、エスニック風味のたれ。いつもとひと味違う、後を引く取り合わせです。

yuko watanabe

いわしとクレソンのサラダ

材料（2人分）
いわし丸干し — 4尾
クレソン — 1束
薄力粉 — 大さじ1
フェンネル（シード） — 小さじ1/3
コリアンダー（シード） — 小さじ1/3
粗びき黒こしょう — 適量
オリーブ油 — 小さじ2
レモン — 1/2個

つくり方

1　いわし丸干しに薄力粉、フェンネル、コリアンダーをまぶし、黒こしょう少々をふる。

2　クレソンは洗って冷水に放す。水けをきって長さを半分に切る。

3　フライパンにオリーブ油を熱して1のいわしを並べ入れ、中火で両面を焼いて火を通す。

4　器にクレソンを盛って3のいわしをのせ、黒こしょう適量をふる。レモンの果汁をしぼりかけて食べる。

うまみ豊かないわしの丸干しをスパイス焼きに。盛り合わせたクレソンのほのかな辛みが食を進めます。

ズッキーニといかのグリルサラダ

材料（2～3人分）

- ズッキーニ — 1本
- やりいか（胴） — 2はい分
- レタス（ブーケレタス） — ½個
- イタリアンパセリ — 適量
- にんにく — 1片
- 赤とうがらし — 1本
- バター — 小さじ2
- 塩、黒こしょう — 各適量
- オリーブ油 — 小さじ2
- レモン（しぼり汁） — 小さじ1

つくり方

1　ズッキーニは縦半分、横6等分に切る。いかは内臓、軟骨を取り除いてよく洗い、水けをふいて約1cm幅の輪切りにする。

2　レタスは冷水に放し、水けをしっかりきる。イタリアンパセリは粗いみじん切りにする。にんにくはつぶす。

3　フライパンにバター、にんにく、赤とうがらしを入れて火にかけ、ズッキーニを中火で焼く。焼き色がついたら、いかを加えて焼き、塩、黒こしょう、イタリアンパセリをふる。

4　レタスを器に盛り、熱いうちに3をのせる。オリーブ油、レモン汁をかける。

大ぶりに切ったズッキーニ、いかの食感のコントラストがいい。レモンでキリッと引き締めて。

yuko watanabe

押し麦とハムとアスパラのサラダ

材料（2〜3人分）
押し麦 — 40g
グリーンアスパラガス — 6本
スナップえんどう — 8本
ハム — 3枚
白ごま — 大さじ1
オリーブ油 — 大さじ1
粗塩、白こしょう — 各適量

つくり方

1　鍋にたっぷりの湯を沸かし、押し麦を入れて15分ゆでる。大きめのざるに上げ、ざっと洗って水けをきる。

2　アスパラガスは根元の固い部分を切り落とし、スナップえんどうはへたと筋を取り、それぞれ熱湯でゆでて冷水にとる。アスパラガスは斜め切りにし、スナップえんどうは斜め半分に切る。

3　ハムは1cm幅の食べやすい大きさに切る。

4　1、2、3の具材と白ごまをボウルに入れて混ぜ合わせる。オリーブ油を回しかけ、粗塩、白こしょうで味をととのえる。

口の中でいろいろな味、食感がリズミカルに混ざり合う楽しいサラダ。ごまの風味がアクセントに。

焼きアボカドとえびのヨーグルトサラダ

材料（2人分）

- アボカド ── 1個
- むきえび ── 100g
- プレーンヨーグルト ── 大さじ2
- はちみつ ── 小さじ1/2
- 粗塩 ── 適量
- 白こしょう ── 適量
- オリーブ油 ── 適量
- レモン（しぼり汁）── 少々
- セルフィーユ ── 少々

つくり方

1　むきえびは背わたがあれば取り除き、塩水で洗う。熱湯でゆで、水けをきる。

2　1のえび、ヨーグルト、はちみつ、粗塩、白こしょうをボウルに入れてあえる。

3　アボカドは縦にぐるりと切り目を入れて半割りにし、種を取り除く。焼き網をよく熱し、アボカドの切り口を下にして置いて中火で焼く。焼き目がついたら返し、果肉がふっくらするまで焼く。

4　皿にアボカドをのせてレモン汁、オリーブ油をかけ、くぼみに2をのせる。白こしょうをふり、セルフィーユの葉を添える。アボカドの果肉をすくいながら食べる。

アボカドを焼くのは、渡辺さんのお気に入りの調理法。こっくりと深い味わいになります。
ヨーグルトソースをからめたえびをこんもりのせ、テーブルが華やぐ一品に。

yuko watanabe

きゅうりと枝豆のアンチョビサラダ

材料（2～3人分）

- きゅうり ― 2本
- 枝豆 ― 200g
- 赤玉ねぎ ― 1/2個
- 貝割れ菜 ― 1パック
- アンチョビ ― 6切れ
- 塩 ― 適量
- ごま油 ― 大さじ1
- 赤ワインビネガー ― 小さじ2
- 黒こしょう ― 適量

つくり方

1　きゅうりは皮をむき、縦半分に切ってから斜め薄切りにし、塩少々をふってなじませる。枝豆は塩少々を加えた熱湯で4～5分ゆで、豆をさやから出す。赤玉ねぎは縦薄切りにし、塩水に15分ほどさらす。流水で洗い、ざるに上げて水けをしっかりきる。貝割れ菜は長さを半分に切る。

2　アンチョビは4等分に切る。

3　ボウルに1の野菜類と2のアンチョビを入れ、ごま油を加えてあえてなじませてから、赤ワインビネガー、たっぷりめの黒こしょうをふってあえる。

淡い緑と赤紫の色彩が食卓にさわやかさを運びます。アンチョビの塩けでメリハリのきいた味に。

yuko watanabe

れんこんと白身魚のカルパッチョ

材料（2〜3人分）

- れんこん — 100g
- 刺身用の白身魚（鯛など） — 80g
- ラズベリー — 50g
- A [酢 — 大さじ2 / 水 — 1¼カップ]
- オリーブ油 — 小さじ2
- 粗塩 — 適量
- レモン（しぼり汁） — 小さじ1
- はちみつ — 小さじ½
- 黒こしょう — 適量

つくり方

1　れんこんは1mm厚さの輪切りにし、酢水（分量外）にさらし、水けをきる。

2　Aの材料を鍋に入れてひと煮立ちさせ、れんこんを入れて3分ゆでる。ざるに上げて水けをきり、温かいうちにオリーブ油を回しかけて粗塩をふり、冷ます。

3　ラズベリーは洗って水けをよくきり、レモン汁、はちみつをからめて少しおき、なじませる。

4　白身魚を薄切りにし、2のれんこん、3のラズベリーとともに器に盛る。ラズベリーに黒こしょうをふり、オリーブ油（分量外）を全体に回しかける。

ぱっと目を引く鮮やかな一皿。酢をきかせたれんこん、ベリーが刺身のまろやかさを引き立てます。

にんじんとハーブ卵焼きのサラダ

材料（2～3人分）

- にんじん ── 1本
- レーズン ── 大さじ1
- 生ハム ── 3枚
- バルサミコ酢（白）*1 ── 大さじ1
- 塩、白こしょう ── 各適量
- オリーブ油 ── 大さじ1
- ハーブ卵焼き
  - 卵 ── 1個
  - セルフィーユ ── 2本
  - チャイブ ── 2本
  - 塩、白こしょう ── 各適量
  - 牛乳 ── 大さじ1
  - オリーブ油 ── 小さじ2

*1 白ワインに似た、透明に近い色のバルサミコ酢（P106参照）。なければ白ワインビネガーか米酢で代用するとよい。

つくり方

1　にんじんはチーズおろしなどで細長くおろす。*2 レーズンとともにボウルに入れ、バルサミコ酢、塩、白こしょう、オリーブ油を加えて混ぜる。

2　生ハムは一口大に切る。

3　ハーブ卵焼きをつくる。ハーブ類は粗く刻む。卵をボウルに割りほぐし、塩、白こしょう、牛乳、刻んだハーブを加えて混ぜる。フライパンにオリーブ油を熱し、卵液を流し入れて弱火で焼き、丸い卵焼きにする。

4　3の卵焼きを器に盛って1をのせ、生ハムを添える。好みで白こしょう、粗く刻んだセルフィーユ、チャイブ（各分量外）を散らす。

*2 チーズおろしでおろすと、断面が少しざらついて調味料がなじみやすくなる。なければ包丁でせん切りにしてもよい。

甘酸っぱくマリネしたにんじんと、ハーブがすっきりと香る卵焼き、うまみ豊かな生ハム。3つを大胆に盛り合わせ、取り分けた器の上で好き好きに合わせながら味わいます。

yuko watanabe

飛田和緒さんの家族で食べるふだんのサラダ

夕飯は、大人も子どももたっぷりの生野菜のサラダから

飛田さん一家は、そろってサラダ好き。

「夕飯には、まず、キャベツやレタスのせん切りのような、シンプルな生野菜を一人一皿出します。それを、たとえばポン酢をかけて食べ始めて、途中からマヨネーズを足したり、ゆずこしょうをつけたり……というように、好き好きに味を変えながら食べるんです。ずっと同じ味では、飽きるので。うちでは、普通のお宅なら皆でシェアするくらいの量を、子どもも一人で山盛り食べますから!」

それはきっと、食材に恵まれた葉山という土地柄もあってのことなのでしょう。近場の野菜の直売所では、収穫から一度も冷蔵庫に入っていないような、まさにとれたての野菜を買い求めることができるといいます。春にだけそこに並ぶのは、スーパーではまずお目にかかれないような、野性的なロメインレタス。家族のお気に入りのサラダ素材です。また、地域の名産として知られるしらす干しも、サラダに欠かせない定番のトッピングです。

豊かな素材をもりもり味わってもらう。それが、飛田さんが家族につくる日常のサラダです。

20

"キャベツは横半分に切って、柔らかい上半分を生のまま刻んでサラダに。下半分の軸の部分は、煮込みなどに使い分けます"

profile

kazuo hida

料理家。東京都生まれ。現在は神奈川県葉山町の海のそばで、夫、小学生の長女と3人で暮らす。書籍、雑誌、テレビなどで活躍し、暮らしにまつわる文章の執筆も多数行っている。近著に『常備菜』（主婦と生活社）、『海と山といつものごはん』（幻冬舎）などがある。

かぶとオイルサーディンのカルパッチョ風

材料（2〜3人分）
かぶ — 1個
オイルサーディン（缶詰）— 5〜6切れ
塩 — 少々
ドレッシング
　しょうゆ — 小さじ1/2
　ゆずこしょう — 少々
　オリーブ油 — 大さじ1

つくり方

1　かぶは皮をむいて薄切りにする。かぶの葉は適量を細かく切り、塩をふって軽くもみ、水けをしぼる。

2　油をひかずにフライパンを熱してオイルサーディンを並べ入れ、軽く焼き色がつくくらいまで両面を焼いて取り出す。

3　ドレッシングの材料を混ぜ合わせる。

4　器にかぶを広げて盛り、オイルサーディンをのせてかぶの葉を散らし、ドレッシングを回しかける。

かぶ一つでも、薄く広げて盛るとぐっと見栄えがします。サーディンと合わせ、満足感のある一皿に。

ロメインレタスとクルトンのサラダ

材料（2〜3人分）
- ロメインレタス — 1/2個
- ホワイトマッシュルーム — 2個
- レモン（しぼり汁） — 適量
- クルトン
  - 食パン — 1枚
  - にんにく — 1片
  - オリーブ油 — 大さじ2
- ドレッシング
  - マヨネーズ — 大さじ1
  - オリーブ油 — 大さじ1
  - すし酢（市販） — 少々
  - 黒こしょう — 少々
- パルミジャーノチーズ — 適量

つくり方

1 ロメインレタスは根元を切り落として水に放し、水けをきる。マッシュルームは石づきを除いて縦に薄切りにし、レモン汁をかける。

2 クルトンをつくる。食パンは1cm角に切り、にんにくはつぶす。フライパンに食パンを広げ入れてオリーブ油を回しかけ、にんにくを加えて炒める。パンがきつね色になってカリッとしたら取り出す。

3 ドレッシングの材料を混ぜ合わせる。

4 ロメインレタスを1枚ずつ器に並べ、マッシュルーム、**2**のクルトンを全体に散らすようにのせ、パルミジャーノチーズをピーラーで薄く削って散らす。ドレッシングを回しかける。

レタスのほろ苦さと、クルトンの香ばしさ、チーズの塩けと濃い香り。くせになる組み合わせです。

しば漬けのサラダ

材料（2〜3人分）
- レタス —— 1/2個
- 水菜 —— 1/2株
- きゅうり —— 1本
- しば漬け（刻んだタイプ）—— 大さじ2
- 油揚げ —— 1/2枚
- ドレッシング
  - 酢 —— 大さじ1
  - しょうゆ —— 小さじ2
  - 砂糖 —— 少々
  - オリーブ油 —— 大さじ2

つくり方

1　レタスは水に放し、水けをきって一口大にちぎる。水菜は3cm長さに切る。きゅうりは薄い輪切りにする。しば漬けはさらに粗みじんに切る。

2　油揚げは厚みを半分に切り、縦半分に切って横に細切りにする。油をひかずにフライパンを熱して油揚げを入れ、カリカリになるまで炒める。

3　ドレッシングの材料をよく混ぜ合わせる。

4　レタス、水菜、きゅうりをざっと合わせて器に盛り、油揚げ、しば漬けを散らしてドレッシングを回しかける。

漬けものは、サラダのトッピングとして飛田さんが愛用する食材。塩けと香りがいいアクセントに。

kazuo hida

長野のやたら

材料（2～3人分）

- きゅうり — 1本
- なす — 1個
- オクラ — 2本
- えのきたけ — 小1/2袋
- ししとうがらし — 2本
- みょうが — 1個
- きゅうりのみそ漬け（刻んだタイプ）* — 大さじ2
- 塩 — 適量

*奈良漬け、たくあん漬け、しその実の塩漬けなどでもよい。

つくり方

1　きゅうり、なすは3mm角に切る。それぞれ塩少々をふって軽くもみ、水けをしぼる。

2　オクラ、えのきたけは、それぞれ塩少々を加えた熱湯でさっとゆでて水にとる。水けをきり、オクラはガクから先を切り落として3mm角に切る。えのきたけは3mm長さに切る。

3　ししとうがらしはへたを切り落とし、縦半分に切って種を取り除き、3mm角に切る。みょうがは3mm角に切り、きゅうりのみそ漬けはさらに3mm角に切る。

4　1、2、3をすべて混ぜ合わせる。

「やたら」は長野の郷土料理。刻んだ野菜と漬けものを混ぜるだけのさっぱり感が、後を引きます。

おいしさのポイントは、ゆでたてのマカロニに酢をからめること。マヨネーズの味ののりが違います。

昔ながらのマカロニサラダ

材料（つくりやすい分量）
マカロニ — 150g
ハム — 2枚
玉ねぎ — 1/2個
ピーマン — 1個
にんじん — 1/4本
塩 — 適量
すし酢（市販）— 大さじ2
マヨネーズ*1 — 大さじ2〜3
黒こしょう — 適量

*1 自家製みそマヨネーズ（P62参照）を使ってもよい。

つくり方

1 ハムは細切りにする。玉ねぎは縦に薄切りにする。

2 ピーマンはへたと種を取り、2〜3cm長さの細切りにする。にんじんも2〜3cm長さの細切りにし、それぞれ塩少々をふって軽くもみ、水けをしぼる。

3 鍋にたっぷりの湯を沸かして塩適量を加え、マカロニを袋の表示時間どおりにゆでてざるに上げる。*2 熱いうちに**1**の玉ねぎとともにボウルに入れてさっと混ぜ、すし酢を加えてあえ、冷ます。

4 **3**にハム、**2**の野菜類、マヨネーズを加えてあえ、塩、黒こしょうで味をととのえる。

*2 パスタ類は、袋の表示時間より短く、
固めにゆでて使うことが多いが、
このサラダは、マカロニ自体に味をよくなじませたいので、
表示時間どおりにゆでる。

卵とアボカドは相性抜群。マヨネーズであえたまったりした味わいを、甘酸っぱいトマトで締めます。

ゆで卵とアボカドのサラダ

材料（2〜3人分）
ゆで卵（固ゆで）— 3個
アボカド — 1個
A ［レモン（しぼり汁）— 少々
　　塩 — 少々］
トマト — 1個
ルッコラ — 3本
マヨネーズ* — 大さじ2

*自家製みそマヨネーズ（P62参照）を使ってもよい。

つくり方

1 ゆで卵は殻をむいて一口大に切る。

2 アボカドは縦にぐるりと包丁を入れて半割りにし、種を取り除く。果肉をスプーンで一口大にすくってボウルに入れ、Aの材料をふる。

3 トマトはへたを取って一口大に切る。ルッコラは3cm長さに切る。

4 **1**、**2**、**3**の具材とマヨネーズをボウルに入れてあえる。

kazuo hida

トマトのおひたし

材料（2〜3人分）
フルーツトマト*1 ― 6個
ひたし地
- だし ― 2カップ
- 塩 ― 小さじ1
- 薄口しょうゆ ― 小さじ1

つくり方

1　ひたし地の材料を混ぜ合わせ、容器に入れる。

2　フルーツトマトはへたを取り除く。鍋に湯を沸かしてフルーツトマトを入れ、皮がはじけ始めたら冷水にとる。はじけたところから皮をむく。

3　1にひたし、冷蔵庫で一晩おく。*2

4　汁と一緒に器に盛る。

*1 トマトの種類はほかのものでもよい。
ただし完熟のものは身が溶けてくずれやすいので、やや固めのものでつくるのがおすすめ。
*2 2〜3日中に食べきる。

果汁とだしをたっぷり含んだ果肉を丸ごとかぶっ。温めてもおいしい。

せん切りキャベツのサラダ

材料（2〜3人分）
キャベツ ― 1/4個*
白ごま ― 適量
削りがつお ― 適量
刻みのり ― 適量
ドレッシング
- しょうゆ ― 大さじ1
- オリーブ油 ― 大さじ1

* キャベツ1個を横に半分に切ったうち、上半分の柔らかい部分を使うとおいしい。

つくり方

1　キャベツはせん切りにして水に放し、水けをしっかりきる。

2　ドレッシングの材料を混ぜ合わせる。

3　キャベツを器に盛り、ごま、削りがつお、のりをのせ、ドレッシングを回しかける。

香り豊かなトッピングが、生のキャベツの味わいを引き立てます。

kazuo hida

せん切りじゃがいものわさび酢あえ

材料（2～3人分）
じゃがいも（メークイン） — 3個
わさび酢
- 米酢 — 大さじ4
- 砂糖 — 大さじ3
- 塩 — 小さじ1/2
- わさび — ごく少々

つくり方

1　じゃがいもはごく細いせん切りにして水にさらし、水けをきる。鍋にたっぷりの湯を沸かしてじゃがいもを入れる。再び煮立ったらざるに上げて水にさらし、水けをしっかりしぼる。

2　わさび酢の材料をボウルに入れてよく混ぜ合わせる。

3　2に1のじゃがいもを加え、よくあえる。器に盛り、わさび少々（分量外）をのせる。

メークインだからこその独特のシャキシャキ感。甘酢にわさびをきかせてすっきりとした味わいに。

くし切りレタスとしらすのサラダ

材料（2〜3人分）
レタス ー ½個
クレソン ー ½束
しらす干し ー ¼カップ
ドレッシング
　すし酢（市販）ー 大さじ1
　白ごま ー 大さじ1
　細ねぎ（小口切り）ー 大さじ1
　しょうゆ ー 小さじ1
　ごま油 ー 大さじ1

つくり方

1　レタスは根元を切り離さずに5〜6等分のくし形切りにする。クレソンは葉を摘む。

2　ドレッシングの材料を混ぜ合わせる。

3　レタスを器に盛ってクレソン、しらす干しを散らし、ドレッシングを回しかける。

葉をはがさず、ざっくりくし形に切ったレタスは、みずみずしいおいしさが際立ちます。
たっぷりのせたしらすのうまみと塩け、ドレッシングのごまの香りで、いっそう箸が進みます。

カノウユミコさんの ハーブ、香味野菜のサラダ

野菜とハーブの個性が出合い、サラダの味がさらに深まる

精進料理店の厨房に立ち、野菜と深くつき合うカノウさんは、サラダを「直球の料理」だといいます。食材の質がストレートに表れるから、まずは旬の新鮮な野菜と、味のよい調味料を使うことが大事なのだと。

そして、ハーブや香味野菜は、その直球料理に深みを与える「素敵な個性」なのだと語るカノウさん。たとえば、かぼちゃと、その甘みを引き立てるディル。トマトと、その甘酸っぱい風味にアクセントを加えるオレガノ。野菜とハーブが出合い、その仲をとりもつようなドレッシングを添えることで、味に奥行きのあるサラダが完成するのです。

カノウさんが、日々家族につくる野菜たっぷりの食事にも、ハーブは何かと役立つ存在。しなびやすいミントやパセリは水を少し張った器に差し入れ、ポリ袋で覆って冷蔵庫に。ねぎや三つ葉は根を水につけ、水耕栽培にと、上手に日持ちさせ、活用しています。

食べ盛りの息子さんたちは、「ちょっと気の利いた味」がめっぽう好み。さりげないハーブ使いは、大いに歓迎されるそうです。

profile
yumiko kanou
精進懐石料理店「菜懐石 仙」（東京・世田谷）のオーナーシェフ。「旬のおもてなし精進料理」をテーマとした月ごとの料理教室も好評。近著に『菜菜おつまみ』（柴田書店）、『もっと食べたいカノウユミコの野菜をたくさん使ったレシピ』（家の光協会）などがある。

"半端に残ったハーブを、塩漬け、しょうゆ漬け、みそ漬けなどにしておくことも。あえものやハーブ混ぜご飯にするとおいしいのです"

上から順に
パセリ　素材を選ばず、さまざまなサラダに手軽に使える万能ハーブ。細かく刻むと風味がやわらぎ、たっぷり使える。

セルフィーユ　イタリアンパセリをおだやかにしたような、甘く上品な香りをもつ。いも類、根菜、さや豆などに合う。

ペパーミント　鼻に抜けるフレッシュな香り、刺激がある。みずみずしい生野菜など、さわやかな味わいのサラダに合う。

ローズマリー　すがすがしい香り、ほろ苦さがあり、いも類、根菜に合う。葉が固いため、生で使う際は細かく刻むとよい。

バジル　甘くさわやかな香り、ほのかな辛みがある。しっかりした酸味やうまみとよく合い、トマト料理によく使われる。

ディル　サーモンのお供として知られる、葉の柔らかなハーブ。さわやかな香りが、いも類やかぼちゃの甘みと相性がいい。

オレガノ　すがすがしい香り、ほろ苦さとともに、野菜のようなほのかな青臭さもある。トマト料理と相性がいい。

イタリアンパセリ　パセリより、香りや食感がやさしく、さまざまなサラダに合う。他のハーブとも合わせやすい。

にんじんのサラダ ローズマリー風味

ローズマリーがすがすがしい、少し甘めのドレッシングが、にんじんの自然な甘みを引き立てます。

材料（2人分）

にんじん —— 1本
塩 —— 小さじ1/2強
ドレッシング
  ┌ ローズマリー（みじん切り）—— 少々
  │ 粒マスタード —— 大さじ2
  │ レモン（しぼり汁）—— 小さじ1
  │ メープルシロップ —— 大さじ1
  │ オリーブ油 —— 大さじ1
  └ 塩 —— 少々

つくり方

1 にんじんは食べやすい長さの細切りにする。塩をふってもみ、しんなりするまでおいてから、水けをしぼる。

2 ドレッシングの材料をボウルに入れて混ぜ合わせる。

3 2のボウルににんじんを加えてあえ、よくなじませる。味をみて塩（分量外）でととのえる。器に盛り、好みでローズマリー少々（分量外）を飾る。

yumiko kanou

焼きなすのバジルアーモンドソースがけ

焼きなすに濃厚なアーモンドソース、涼やかなバジルが重なって、複雑なうまみをもつ一皿に。

材料（2人分）

なす ― 3個

ドレッシング
- アーモンド（から炒りしたもの） ― 1/4カップ（約50g）
- バジル ― 適量
- オリーブ油 ― 大さじ2
- 白ワインビネガー ― 大さじ1
- バルサミコ酢 ― 小さじ1
- しょうゆ ― 小さじ2
- 塩 ― 小さじ1/2
- 粉とうがらし ― 適量

つくり方

1　オーブンの天板にオーブン用シートを敷いてなすを並べる。230℃に予熱したオーブン*に入れ、焦げ目がしっかりついて柔らかくなるまで焼く。粗熱がとれたら、へたを切って皮をむき、食べやすい太さに裂く。

2　ドレッシングの材料をフードプロセッサーに入れ、ペースト状になるまで撹拌する（または、アーモンドとバジルをみじん切りにし、残りの材料と混ぜ合わせる）。

3　器に1のなすを盛って2のドレッシングをかけ、ところどころにバジル（分量外）をちぎって飾る。

* オーブンの代わりにオーブントースター、魚焼きグリルなどで焼いてもよい。

オレガノ、フルーツトマト、塩豆腐のサラダ

材料（2人分）
- 木綿豆腐 — 1/2丁
- フルーツトマト — 2個
- 塩 — 小さじ1
- ドレッシング
  - オリーブ油 — 大さじ2
  - レモン（しぼり汁） — 小さじ2
  - 塩 — 小さじ1/2
  - こしょう（ひきたてのもの） — 少々
- オレガノ — 適量

つくり方

1　豆腐は厚みを半分に切る。ペーパータオルで表面の水けをとってから、塩を表面全体にまぶしつける。別のペーパータオルを三重にして豆腐を包み、バットにのせ、もう1枚のバットで軽く重しをして冷蔵庫で一晩おく。

2　1の豆腐を食べやすい大きさに切る。フルーツトマトはへたを取り、食べやすい大きさのくし形切りにする。

3　ドレッシングの材料を混ぜ合わせる。

4　器に豆腐、フルーツトマトの順に重ねて盛ってオレガノを1〜2枚ずつのせ、3を回しかける。

塩をふって水きりをした豆腐はチーズのよう。トマト、オレガノと合わせ、味も彩りもさわやかに。

yumiko kanou

パセリ風味のおからサラダ

材料 (2人分)

- おから ── 1カップ (約100g)
- にんにく (みじん切り) ── 1片分
- 赤とうがらし (小口切り) ── 1本分
- オリーブ油 ── 大さじ2
- 塩 ── 少々
- ドレッシング
  - オリーブ油 ── 大さじ1
  - 柑橘類 (しぼり汁) *1 ── 大さじ1
  - 塩、こしょう、しょうゆ ── 各少々
  - パセリ (みじん切り) ── 大さじ2〜3
- レタス (フリルレタス) ── 適量

*1 レモン、かぼす、すだちなど好みのものでよい。

つくり方

1 フライパンにオリーブ油とにんにくを入れ、弱火で炒める。香りが立ったら、おからと赤とうがらしを加えてパラパラになるまで炒め、塩で下味をつける。

2 ボウルにドレッシングの材料を入れて混ぜ合わせ、1のおからを加えて混ぜる。*2

3 レタスを食べやすい大きさにちぎって器に敷き、2を盛る。

*2 つくり方2まで調理した状態で冷凍保存することもできる。

パセリドレッシングをなじませた、コクと香り豊かな炒りおから。レタスなどの生野菜と一緒に。

夏野菜の中近東ハーブサラダ

材料（2人分）

- ゴーヤー —— 1本分（正味約200g）
- とうもろこし —— 1本分（正味約200g）
- ミニトマト —— 12個
- 塩 —— 少々
- ドレッシング
  - オリーブ油 —— 大さじ2
  - レモン（しぼり汁）—— 大さじ1
  - シナモン（パウダー）—— 少々
  - オールスパイス（パウダー）—— 少々
  - 塩、こしょう —— 各少々
  - パセリ（みじん切り）—— 1〜2枝分
  - 細ねぎ（小口切り）—— 3本分
  - ペパーミント（みじん切り）—— 少々

つくり方

1　ゴーヤーは縦半分に切って種とわたを取り除き、粗みじんに切る。塩をふり、水けをしぼる。

2　オーブンの天板にとうもろこしを皮ごとのせ、200〜220℃に予熱したオーブンで20分焼く。粗熱がとれたら皮をむき、手で粒を取る。

3　ミニトマトはへたを取って縦6〜8つ割りにする。

4　ドレッシングの材料をボウルに入れて混ぜ合わせ、1、2、3の野菜を加えてあえ、味をよくなじませる。

ミントの清涼感をきかせると、ぐっと中近東風に。彩り鮮やかで、暑い夏にも食の進む味わいです。

yumiko kanou

きのこと焼きねぎのカルパッチョ風

材料 (2人分)
- エリンギ — 2本
- 長ねぎ — 1本
- 塩 — 小さじ1
- ドレッシング
  - オリーブ油 — 大さじ2
  - しょうゆ — 大さじ2
  - 米酢 — 小さじ2
  - 柑橘類（しぼり汁）*1 — 小さじ2
  - 柑橘類（皮のせん切り）*2 — 適量
  - 粉とうがらし — 少々
- 細ねぎ（葉先）— 適量

*1,2 ゆず、かぼす、すだち、レモンなど好みのものでよい。
皮を使うので、国産の無農薬のものがよい。

つくり方

1 鍋に水1カップ（材料外）、塩を入れて火にかける。煮立ったらエリンギを入れて1分ほどゆで、そのまま冷ます。ざるに上げて水けをきり、かさと軸に切り分け、かさは縦薄切りに、軸は輪切りにする。

2 長ねぎは2cm長さに切る。油をひかずにフライパンを熱して長ねぎを入れ、ときどき転がしながら、こんがりと焼き色がつくまで弱めの中火で焼く。

3 ドレッシングの材料を混ぜ合わせる。

4 器にエリンギ、長ねぎを盛り、ドレッシングをかけて細ねぎを散らす。

焼きねぎの甘み、細ねぎのさわやかな辛みのメリハリがいい。ポン酢風ドレッシングでさっぱりと。

グリルかぼちゃとディルのサラダ

材料 (2人分)

- かぼちゃ — 1/8個 (約150g)
- オリーブ油 — 少々
- マリネ液
  - 白ワインビネガー — 大さじ1
  - メープルシロップ — 大さじ1
  - 菜種油 — 大さじ2
  - 塩 — 小さじ1/2
  - 黒こしょう (ひきたてのもの) — 少々
- ディル — 適量

つくり方

1 かぼちゃは種とわたを取り除き、5mm厚さのくし形切りにする。皮はところどころそぐようにしてむく。オーブンの天板にオーブン用シートを敷き、かぼちゃにオリーブ油をからめて並べる。200℃に予熱したオーブンで8分ほど焼く。

2 マリネ液の材料を合わせてポリ袋に入れ、かぼちゃが熱いうちに加えて口をとじ、1時間以上漬け込む。

3 ディルは太い茎を除く。

4 器に2のかぼちゃを盛り、ディルを散らす。

甘酸っぱいマリネ液をじんわりなじませたかぼちゃの上に、柔らかなディルをたっぷりと。
すっきりした香りがかぼちゃの濃い甘みを引き立て、見た目も華やかになります。

yumiko kanou

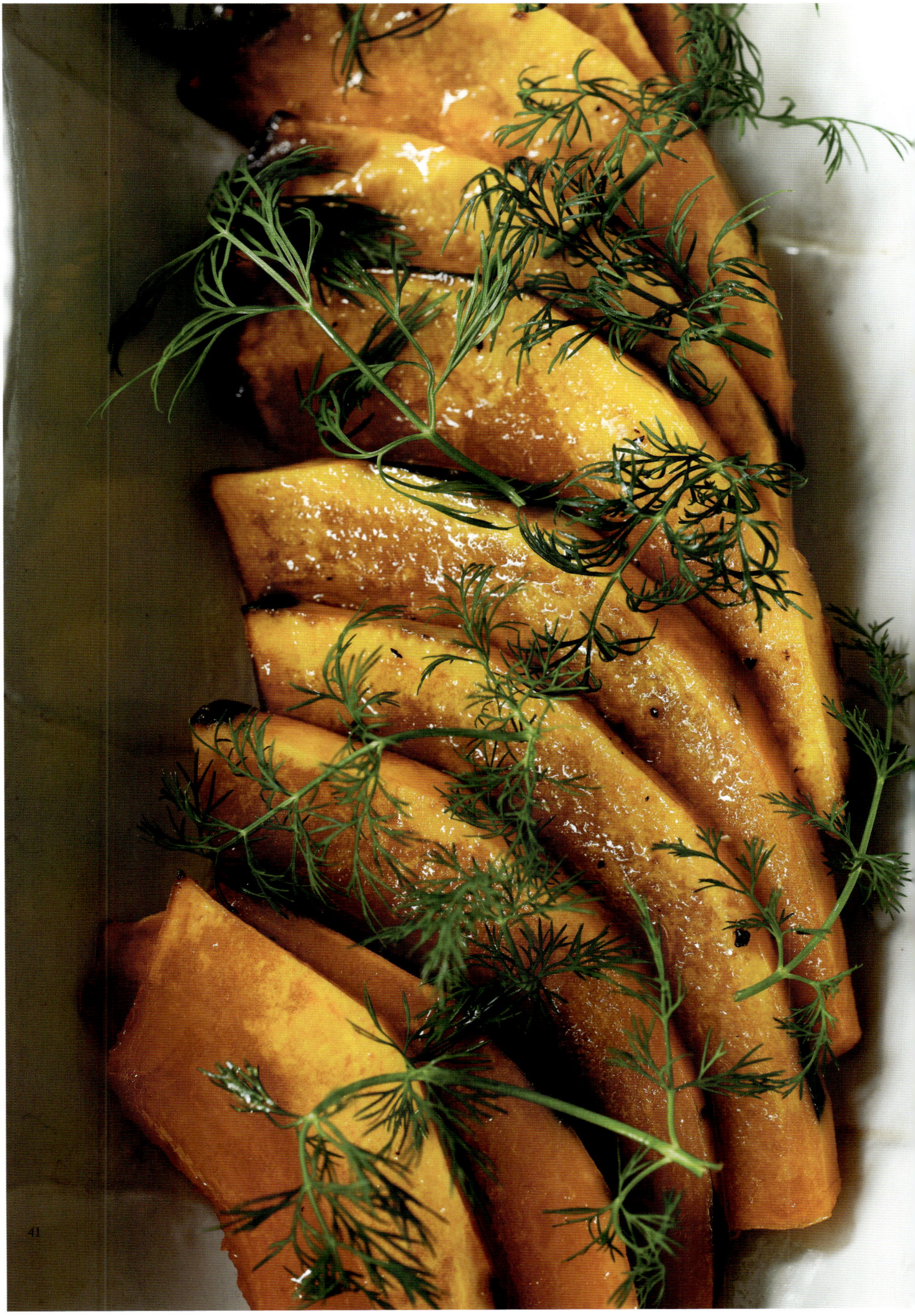

玄米と和ハーブのライスサラダ

材料（2人分）
- 玄米ご飯 — 1カップ *1
- 青じそ — 10枚
- みょうが — 3個
- 細ねぎ — 5本
- ドレッシング
  - 菜種油 — 大さじ2
  - すだち（しぼり汁）*2 — 小さじ2
  - しょうゆ — 大さじ1強
  - 塩 — 少々
- 紅たで（あれば）— 適宜

*1 玄米1/2合を炊いた分量。
*2 かぼす、レモンでもよい。

つくり方

1　ボウルに玄米ご飯を入れる。ドレッシングの材料を混ぜ合わせて加え、混ぜてなじませる。

2　青じそ、みょうがはせん切りにする。細ねぎは小口切りにする。

3　食べる直前に、1の玄米ご飯に2の野菜を加えて混ぜ合わせる。器に盛り、紅たでを散らす。

歯応え豊かな玄米と、さわやかな刺激の和のハーブを混ぜ合わせ、滋味あふれるライスサラダに。

yumiko kanou

焼きキャベツとルッコラのサラダ

材料（2人分）
- キャベツ — 1/4個
- 塩、黒こしょう — 各少々
- オリーブ油 — 大さじ1
- ドレッシング
  - ミニトマト — 8個
  - バルサミコ酢 — 小さじ1/2
  - オリーブ油 — 大さじ1
  - 麦みそ（または甘口の米みそ） — 大さじ1・1/2
  - 粒マスタード — 小さじ1/2強
- ルッコラ — 適量

つくり方

1　キャベツは芯の部分を切り離さずに4等分のくし形切りにし、塩、黒こしょうをふる。

2　フライパンにオリーブ油を熱し、キャベツを並べ入れる。両面にこんがりと焼き色がつくまで、ふたをして弱めの中火で焼く。

3　ドレッシングをつくる。ミニトマトはへたを取り、残りの材料とともにミキサー（またはフードプロセッサー）でなめらかになるまで攪拌する。

4　2のキャベツを器に盛り、食べる直前にドレッシングをかけ、食べやすい大きさにちぎったルッコラをのせる。

焼きキャベツの甘み、トマトみそドレッシングのコクを、ルッコラの香りでキリッとまとめます。

材料 (2人分)

じゃがいも ― 2個
ドレッシング
　ズッキーニ ― 1本 (150g)
　オリーブ油 ― 大さじ2
　白ワインビネガー (または米酢) ― 大さじ1弱
　レモン (しぼり汁) ― 少々
　塩 ― 小さじ1/2
　こしょう ― 少々
　イタリアンパセリ (みじん切り) ― 大さじ2
セルフィーユ ― 適量

つくり方

1　じゃがいもはよく洗い、皮つきのまま5mm厚さの半月切りにする。

2　厚手の鍋にじゃがいも、水1/2カップ (材料外) を入れ、ふたをして弱火にかける。柔らかくなったらふたを取り、残った水分を完全にとばす。

3　ドレッシングをつくる。ズッキーニはすりおろし、残りの材料とともによく混ぜ合わせる。

4　じゃがいもを器に盛って**3**のドレッシングをかけ、セルフィーユをちぎって散らす。

じゃがいもとセルフィーユのサラダ
ズッキーニドレッシング

蒸し煮にしたじゃがいものナチュラルな甘みと、セルフィーユの繊細な香りがマッチ。
すりおろしたズッキーニのまろやかなドレッシングで、品のよい味わいにまとめ上げます。

yumiko kanou

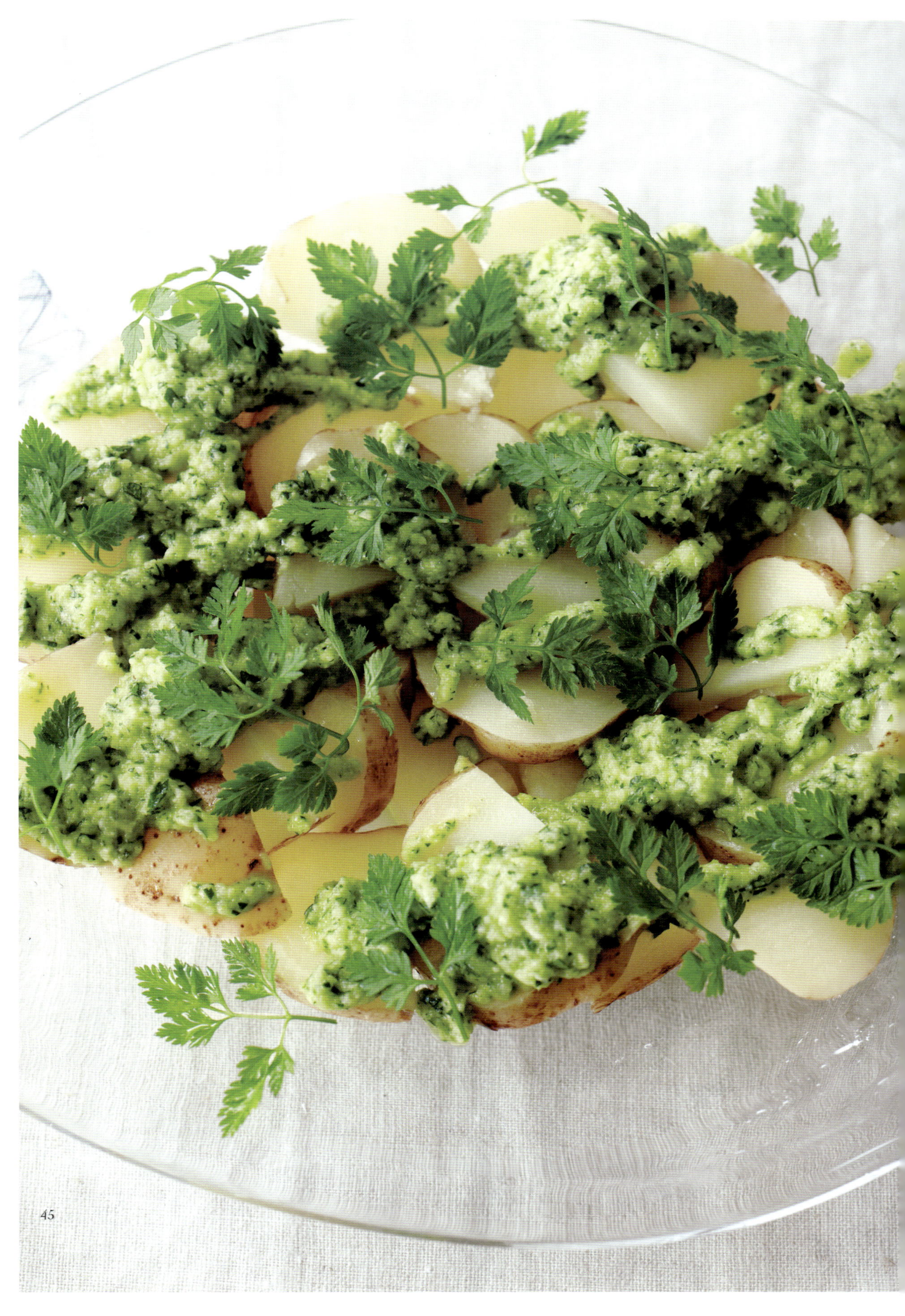

ワタナベマキさんの干し野菜、乾物のサラダ

残り野菜を干しておくだけ。
いつものサラダが濃い味わいに

日々、サラダや、それに近い料理を何か一皿はつくるというワタナベさんにとって、乾物は好みの素材。市販の豆やひじき、そして、窓辺やベランダでつくった干し野菜を台所にストックしています。

自家製の干し野菜は、何かと使える切り干し大根、ドライトマトを、まずは多めにつくりおき。加えて、半端に残った野菜を、そのつど、干しているといいます。完璧に水分をとばしたカラカラの干し野菜ではなく、やや しっとり感を残した「半干し野菜」なら、半日もあればつくれる上、料理に使うとき、水でもどす手間もかからず手軽なのだとか。

「固い大根の葉なども、干してあげるとおいしくなるんですよ。小口に切って炒めたりして使っています」

乾物や干し野菜のサラダの魅力は、「素材の味がしっかり感じられるところ、食感のよさ、そしてドレッシングがよくしみ込むところにある」というワタナベさん。ピクルスなども、いったん野菜を干してから漬け込むのがお気に入りです。

profile

maki watanabe

料理家。「サルビア給食室」として、書籍、雑誌、広告、イベントなどで、季節感あふれる体にやさしい料理を提案している。近著に『毎日使いたいサルビア給食室の果実酒・果実酢・ジャム・シロップ』(家の光協会)、『サルビア給食室の園児のお弁当』(文化出版局)などがある。

"干し野菜は、空気が乾燥している
冬のほうがおいしくなる。
ただし、トマトは別。
夏の直射日光をカッと浴びさせると、
風味がぐっと濃くなって、
いいドライトマトになります"

野菜の干し方

干し野菜を日々愛用しているワタナベマキさんが、サラダによく使う干し野菜と、干し方のコツを紹介。乾物特有のギュッと凝縮された味わいを、身近な野菜で手軽に楽しめます。

素材を細切りや薄切りにして盆ざるに広げ、風通しのよい場所で半日～3日干す。半干しなら、朝早めに干し始めれば、その日の晩には使える。屋外で干す場合は、夜露がつくのを防ぐために夜間は室内に移すこと。干すのに向いているのは根菜、果菜、きのこなど。干すのに不向きなのは青菜類、レタス類など、柔らかい葉ものの野菜。

ドライトマト（ミニトマト）

1日半後

- 下ごしらえ／へたを取って横半分に切り、小さいスプーンで種とそのまわりを取り除く。水分を引き出すために塩少々をふる
- 干し時間／約1日半
- 保存法／清潔な保存容器、密封できる食品保存袋などに入れて常温で保存
- 保存期間／1か月
- サラダにするには／調味料などとともに加熱してソースにする（P51参照）。ドレッシングなどであえたり、漬けたり、炒めたりするのにも向く
- メモ／短時間でしっかり乾燥させたいときは、同じように下ごしらえをし、100℃に予熱したオーブンに約2時間入れてもよい

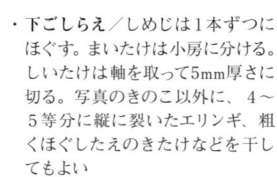

半干しきのこ

半日後

- 下ごしらえ／しめじは1本ずつにほぐす。まいたけは小房に分ける。しいたけは軸を取って5mm厚さに切る。写真のきのこ以外に、4～5等分に縦に裂いたエリンギ、粗くほぐしたえのきたけなどを干してもよい
- 干し時間／約半日
- 保存法／清潔な保存容器、密封できる食品保存袋などに入れて冷蔵保存
- 保存期間／1週間～10日
- サラダにするには／加熱調理をして食べる。炒めるなどして火を通す（P59参照）ほか、アツアツのドレッシングやソースであえ、加熱しながらもどしてもよい

半干しにんじん

半日後

- 下ごしらえ／よく洗い、皮つきのまま約5cm長さのせん切りにする
- 干し時間／約半日
- 保存法／清潔な保存容器、密封できる食品保存袋などに入れて冷蔵保存
- 保存期間／1週間～10日
- サラダにするには／ドレッシングなどであえて自然にもどす（P56参照）。漬けたり、炒めたり、揚げたりするのにも向く

半干しきゅうり

半日後

- 下ごしらえ／5mm厚さの斜め切りにする
- 干し時間／約半日
- 保存法／清潔な保存容器、密封できる食品保存袋などに入れて冷蔵保存
- 保存期間／1週間～10日
- サラダにするには／ドレッシングなどであえて自然にもどす（P50参照）。漬けたり、炒めたりするのにも向く

豆のゆで方

種類が豊富な豆類の中でも、ワタナベマキさんがサラダに頻繁に使う大豆、白いんげん豆のゆで方を紹介。一度にたっぷりゆでて冷凍保存しておくと便利です。

切り干し大根

2～3日後

- 下ごしらえ／よく洗い、皮つきのまま約5cm長さのせん切りにする
- 干し時間／2～3日
- 保存法／清潔な保存容器、密閉できる食品保存袋などに入れて常温で保存
- 保存期間／1か月
- サラダにするには／軽くもみ洗いしてから、たっぷりの水に10分ほどつけてもどし、水けをしぼって使う。ドレッシングなどであえたり（P56参照）、漬けたりするのに向く

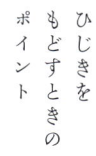

ひじきをもどすときのポイント

ひじきとたっぷりの水をボウルに入れ、10分ほどつけてもどす。この後、ざるに流さず、ひじきのみを手ですくってざるに上げれば、ボウルの底に残ったごみを取り除ける。

大豆（または白いんげん豆）を水でさっと洗い、たっぷりの水につけてもどす。つける時間は一晩（8時間以上）が目安。

ざるに上げて水けをきり、鍋に入れる。新たにかぶるくらいの水を加え、中火にかける。

煮立ったらアクを取って弱火にし、豆が湯に浸っている状態を保つように水を適宜足しながら、ふたをせずに、大豆で40～50分、白いんげん豆で50分～1時間ゆでる。

火を止めてそのまま冷まし、粗熱がとれたらざるに上げてゆで汁をきる。冷凍庫で保存する場合は、完全に冷めてから、密封できる保存袋に平らに広げて入れる。

＊冷凍した豆を料理に使うときは、使う分だけを凍ったまま割って取り出す。

半干しきゅうりと黒米のサラダ

歯応えの増した半干しきゅうりと黒米の食感が楽しいサラダ。しょうゆドレッシングで風味豊かに。

材料（2人分）

- 半干しきゅうり（P48参照） — 1本分（約90g）
- 黒米 — 大さじ2
- 厚揚げ — 1枚
- しょうが — 1片

ドレッシング
- 米酢 — 大さじ1½
- てんさい糖*1 — 小さじ1
- 塩 — 小さじ¼
- しょうゆ — 小さじ½
- 太白ごま油*2 — 大さじ1

白ごま — 適量

*1 てんさい（別名「砂糖大根」）からつくられる砂糖。精製度の低い褐色のタイプを使用。

*2 焙煎せずにしぼった透明のごま油のこと。P107参照。

つくり方

1　黒米はさっと洗って鍋に入れ、かぶるくらいの水を加えて中火にかける。煮立ったら弱火にして15分ほど、ふたをせずにゆで、ざるに上げる。

2　油をひかずにフライパンを中火で熱して厚揚げを入れ、表面全体をさっと焼きつける。縦半分に切り、横に7〜8mm厚さに切る。しょうがはせん切りにする。

3　1、2、半干しきゅうりをボウルに入れ、ドレッシングの材料を混ぜ合わせて加え、あえる。器に盛って白ごまを散らす。

maki watanabe

焼きキャベツとそら豆のドライトマトソースがけ

ドライトマト入りのオイルソースはうまみが濃厚。焼き野菜の甘みとしっくりなじみます。

材料（2人分）

- キャベツ — 1/6個
- そら豆 — 4本
- オリーブ油 — 小さじ1
- 塩 — 少々
- 白ワイン — 大さじ1

ソース
- ドライトマト（P48参照） — 10個分（20切れ）
- アンチョビ — 1切れ
- にんにく — 1/2片
- オリーブ油 — 小さじ2
- バルサミコ酢 — 小さじ2
- 塩 — 少々
- 黒こしょう — 少々

つくり方

1 キャベツは芯の部分を切り離さずに1.5cm厚さのくし形に切る。グリルパン（またはフライパン）にオリーブ油を中火で熱し、キャベツとそら豆をさやごと並べ入れる。軽く焼き目がついたら返し、塩、白ワインを加え、ふたをして弱火で3分ほど蒸し焼きにする。

2 ソースをつくる。アンチョビ、にんにくはみじん切りにし、オリーブ油とともに鍋に入れて中火にかける。香りが立ったら弱火にし、残りの材料を加えてひと煮立ちさせる。

3 1を器に盛り（そら豆はさやを開く）、ソースをかける。

大豆とたこのケイパーサラダ

材料（2人分）
- 大豆（乾燥） — 60g*
- ゆでたこ — 100g
- 玉ねぎ — 1/2個
- にんにく — 1/2片
- ケイパー — 15g
- クレソン — 1/2束
- A
  - 白ワインビネガー — 大さじ1 1/2
  - はちみつ — 小さじ2
  - 塩 — 小さじ1/2
  - 黒こしょう — 少々
- オリーブ油 — 大さじ1

*ゆでた大豆の場合は約150g。

つくり方

1　大豆は水でもどしてからゆで、粗熱がとれたらざるに上げる（P49参照）。

2　たこは約5mm厚さに切る。玉ねぎはみじん切りにして水に5分さらし、水けをよくきる。にんにくはみじん切りにする。ケイパーは汁けをきる。

3　大豆、2をボウルに合わせ、Aの材料を混ぜ合わせて加え、あえてなじませる。

4　クレソンの葉の部分を食べやすい長さに切って3に加え、オリーブ油を加えてさっと混ぜる。

大豆のしみじみとした味わいと、たこの豊かなうまみがいい相性。ケイパーの酸味がアクセントに。

刻み麩と長ねぎの辛みサラダ

材料（2人分）
- 刻み麩 — 20g
- 長ねぎ — 1/3本
- ドレッシング
  - 粉とうがらし — 小さじ2
  - 米酢 — 小さじ2
  - しょうゆ — 小さじ1
  - てんさい糖 — 小さじ1 1/2
  - 塩 — 少々
  - にんにく（すりおろし）— 1/2片分
  - ごま油 — 小さじ2
- 青じそ（せん切り）— 適量
- 白ごま — 適量

つくり方

1　刻み麩はたっぷりの水に5分ほどつけてもどし、水けをしっかりしぼる。

2　長ねぎは斜め薄切りにし、たっぷりの水に5分ほどさらし、水けをよくきる。1とともにボウルに入れる。

3　ドレッシングの材料を混ぜ合わせて2のボウルに加え、あえる。器に盛って青じそをのせ、白ごまを散らす。

手早くもどせて味がよくしみる刻み麩は、サラダの便利素材。シャキシャキのねぎと合わせて食感よく。

白いんげん豆とカリフラワーのビネガーサラダ

材料（2人分）

- 白いんげん豆（乾燥） — 60g*
- カリフラワー — ¼個
- セロリ — ¼本
- 玉ねぎ — ⅛個
- にんにく — ½片
- 塩 — 適量
- A
  - 白ワインビネガー — 大さじ1½
  - はちみつ — 小さじ2
  - 塩 — 小さじ½
  - 粗びき黒こしょう — 少々
- オリーブ油 — 大さじ2
- ディル — 1〜2枝

*ゆでた白いんげん豆の場合は約150g。

つくり方

1　白いんげん豆は水でもどしてからゆで、粗熱がとれたらざるに上げる（P49参照。ただし、ゆでるとき、塩少々を加える）。

2　カリフラワーは小房に分ける。鍋に湯を沸かして塩少々を加え、カリフラワーを2分ほどゆで、ざるに上げる。セロリは筋を取り、横に薄切りにする。カリフラワー、セロリ、白いんげん豆をボウルに合わせる。

3　Aの材料を混ぜ合わせ、玉ねぎ、にんにくをすりおろして加えて混ぜる。

4　2のボウルに3を加えてあえてなじませ、オリーブ油を加えてさっとあえる。器に盛り、粗く刻んだディルを散らし、好みで枝ごと添える。

白いんげん豆、カリフラワー、セロリの、淡い色合いも味わいもさわやかなサラダ。
豆のまろやかなうまみと、おろし玉ねぎ入りのドレッシングがなじみ、味に深みが出ます。

maki watanabe

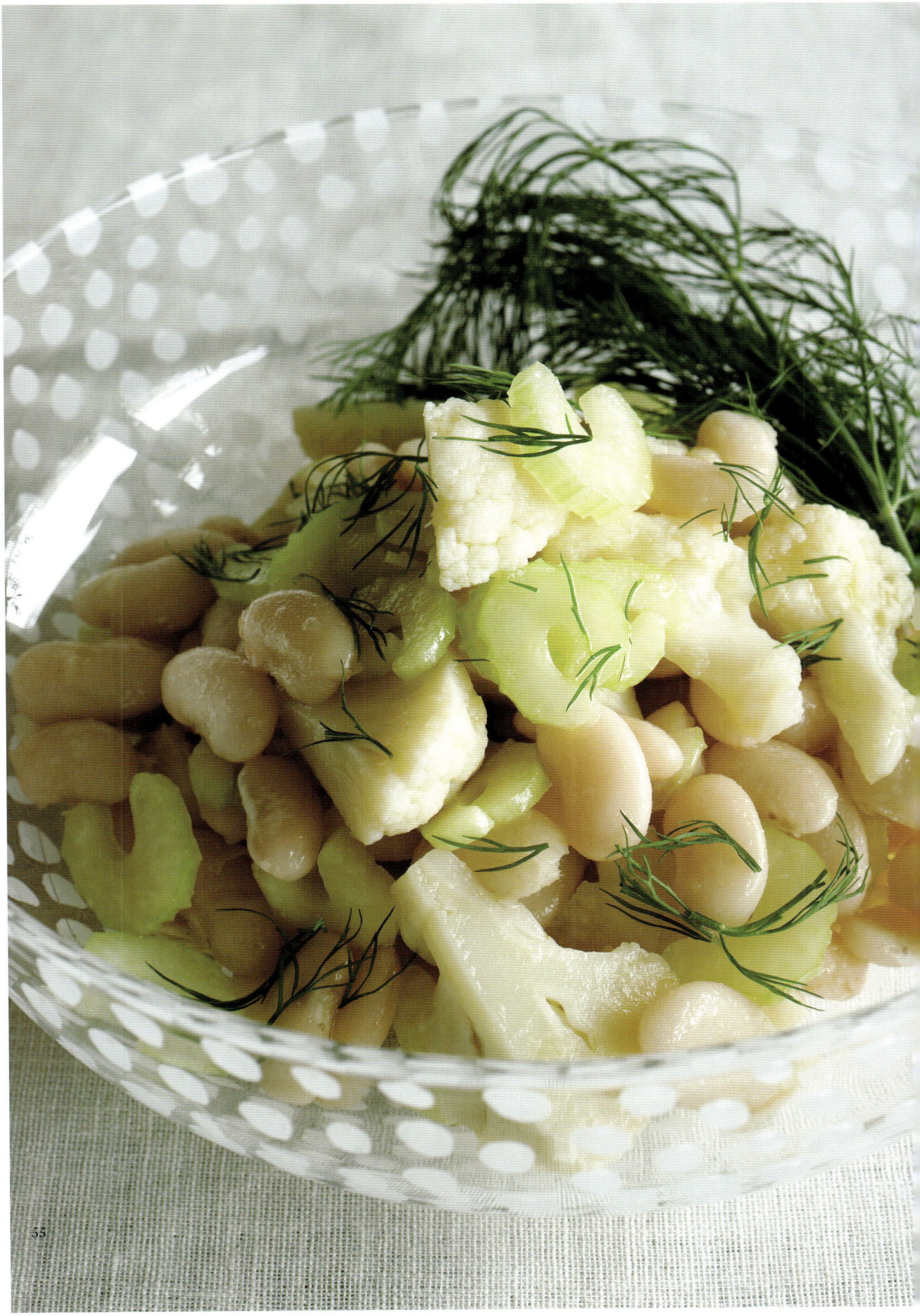

半干しにんじんとささみのレモンマリネ

材料（2人分）
半干しにんじん（P48参照）— 1本分（約80g）
鶏ささみ — 2本
くるみ（殻をむいたもの・無調味）— 5粒
レモン — 1/2個
パセリ（みじん切り）— 小4房分
酒 — 大さじ1
A ┌ ナンプラー — 小さじ2
　├ はちみつ — 小さじ1
　├ 塩 — 少々
　├ 黒こしょう — 少々
　└ オリーブ油 — 大さじ1

つくり方

1　ささみは筋を取り除く。鍋に湯を沸かして酒を加え、ささみを1分ほどゆでて火を止める。ゆで汁につけたままふたをして冷めるまでおき、余熱で火を通す。くるみはフライパンでから炒りし、粗く砕く。

2　ささみを食べやすい太さに裂き、半干しにんじんとともにボウルに入れる。Aの材料を混ぜ合わせて加え、あえる。レモンの果汁をしぼり入れ、パセリ、くるみを加えてさっと混ぜる。

甘みと歯応えが豊かな干しにんじんを、エスニック風のサラダに。

切り干し大根としょうがの黒酢サラダ

材料（2人分）
切り干し大根* — 30g
しょうが — 1片
細ねぎ — 2本
みょうが — 1個
合わせ酢
┌ 黒酢 — 大さじ1
├ てんさい糖 — 小さじ1 1/2
├ しょうゆ — 小さじ1
└ 塩 — 小さじ1/4
白ごま — 大さじ1

* 自家製の場合、つくり方はP49参照。

つくり方

1　切り干し大根は軽くもみ洗いしてから、たっぷりの水に10分ほどつけてもどす。しょうがはせん切りにする。細ねぎは約1cm幅の斜め薄切りにする。みょうがは縦半分に切って縦に薄切りにする。合わせ酢の材料を混ぜ合わせる。

2　切り干し大根の水けをよくしぼり、食べやすい長さに切ってボウルに入れる。しょうが、細ねぎ、1の合わせ酢を加え、よくあえてなじませる。器に盛ってみょうがをのせ、白ごまを散らす。

かむほどに味わい深い切り干し大根を、さっぱり仕立てで楽しみます。

maki watanabe

ひじきとれんこんの梅サラダ

茎の部分の「長ひじき」を使って独特の食感を楽しみます。磯の香りと、梅の酸味が絶妙にマッチ。

材料（2人分）

- 長ひじき（乾燥） — 20g
- れんこん — 50g
- 赤玉ねぎ — 1/2個
- しょうが — 1/2片
- 細ねぎ — 2本
- 梅だれ
  - 梅干し（塩分約12％） — 1個
  - しょうゆ — 小さじ1/2
  - かつおだし — 大さじ1

つくり方

1　ひじきはたっぷりの水に10分ほどつけてもどす。手ですくってざるに上げる（P49参照）。

2　鍋に湯を沸かしてひじきを入れ、1分ほどゆでてざるに上げる。

3　れんこんは約3mm厚さの輪切りにして水にさらす。鍋に湯を沸かしてれんこんを入れ、2分ほどゆでてざるに上げる。赤玉ねぎは縦に2mm厚さに切って水に5分ほどさらし、水けをきる。しょうがはせん切りにする。細ねぎは小口切りにする。

4　梅だれをつくる。梅干しは種を取り除いて包丁でたたき、残りの材料と混ぜ合わせる。

5　2のひじき、細ねぎ以外の3、4の梅だれをボウルに入れてあえる。器に盛って細ねぎを散らす。

じゃがいもとレンズ豆のクミンサラダ

材料（2人分）

- 新じゃがいも — 8個
- レンズ豆（乾燥）— 80g
- しょうが — 1片
- 塩 — 適量
- オリーブ油 — 大さじ1½
- クミン（シード）— 大さじ1
- 白ワイン — 大さじ2
- 粗びき黒こしょう — 少々
- ルッコラ（あれば）— 適宜

つくり方

1　レンズ豆はさっと洗う。鍋に湯を沸かして塩少々を加え、レンズ豆を15分ほどゆでてざるに上げる。

2　じゃがいもはよく洗い、皮つきのまま半分（大きいものは4等分）に切る。しょうがはみじん切りにする。

3　フライパンにオリーブ油大さじ1、2のしょうが、クミンを入れて中火にかける。香りが立ったらじゃがいもを加えて炒める。油が回ったら白ワイン、塩小さじ1を加えてふたをし、弱火にして5分ほど蒸し焼きにする。

4　ふたを取り、レンズ豆を加えて再びふたをし、さらに5分ほど蒸し焼きにする。

5　塩少々、黒こしょうで味をととのえ、オリーブ油大さじ½を回し入れて火を止める。器に盛り、ルッコラを添える。

水でもどす手間いらずの手軽なレンズ豆を、じゃがいもとともにエキゾチックな香りの温サラダに。

maki watanabe

半干しきのことさや豆のゆずこしょうサラダ

材料（2人分）

- 半干しきのこ（P48参照） — 100g*
- さやいんげん — 5本
- スナップえんどう — 5本
- ゆずこしょう — 小さじ1½
- 酒 — 大さじ1
- ごま油 — 小さじ2
- 塩 — 少々
- 糸とうがらし（あれば） — 適宜

*生の状態で120gのきのこ類（しめじ、しいたけ、まいたけ）を干したもの。

つくり方

1. さやいんげんはへたを切り落とし、4等分に切る。スナップえんどうはへたと筋を取る。
2. ゆずこしょうは酒で溶きのばす。
3. フライパンにごま油を中火で熱し、1を入れて炒める。油が回ったら、半干しきのこ、2を加えて手早く炒め合わせ、塩で味をととのえる。
4. 器に盛り、糸とうがらしをのせる。

うまみあふれる半干しきのこを歯応え豊かに炒めた温サラダ。ゆずこしょうを味の引き締め役に。

わたしのとっておきドレッシング
～さっぱり味～

酢や果物のさわやかな酸味で、サラダをさっぱりと仕上げるドレッシングを紹介します。

はちみつオレンジドレッシング
（渡辺有子さん）

オレンジ果汁のまろやかな酸味、パセリの香りでさわやかなドレッシングに。

材料（つくりやすい分量）
- はちみつ — 小さじ1½
- オレンジ（しぼり汁） — 大さじ3
- オリーブ油 — 大さじ3
- イタリアンパセリ — 3本
- 塩 — 少々
- 黒こしょう — 適量

つくり方
イタリアンパセリを粗みじんに切り、残りの材料とよく混ぜ合わせる。

◇ 保存容器に入れ、冷蔵庫で1週間ほど保存可能。
◇ 食べ方：焼いたり、炒めたりした肉、魚介を使ったサラダのドレッシングとして。

いちごドレッシング
（瀬戸口しおりさん）

甘酸っぱい香りが華やかな主役級ドレッシング。ごろごろ入った果肉は具として味わって。

材料（つくりやすい分量）
- いちご — ½パック
- 玉ねぎ — ¼個
- 酢 — ½カップ
- 塩 — 小さじ1弱
- サラダ油 — ¼カップ

つくり方
1 玉ねぎはすりおろして清潔な保存瓶に入れ、酢、塩、サラダ油を加え、ふたをしてふって混ぜる。
2 いちごのへたを取って小さい角切りにし、1に加え、ふって混ぜる。*

*つくってすぐでも食べられるが、2～3時間おくと、ドレッシング全体がきれいなピンク色に染まる。

◇ 保存容器に入れ、冷蔵庫で3～5日保存可能。
◇ 食べ方：ハムなどの肉の加工品を使ったサラダ、リーフレタスなどの葉野菜のサラダに。プレーンヨーグルトにかけてもおいしい。

おろし玉ねぎとりんごのドレッシング
（ワタナベマキさん）

すりおろしたりんごと香味野菜のハーモニー。一晩、味をなじませると、より美味に。

材料（つくりやすい分量）
- 玉ねぎ — ⅙個
- りんご — ½個
- セロリ — ⅕本
- にんにく — ½片
- A
  - 白ワインビネガー — ¼カップ
  - オリーブ油 — ¼カップ
  - 塩 — 小さじ1
  - こしょう — 少々

つくり方
1 ボウルにAの材料を入れて混ぜ合わせる。
2 玉ねぎ、にんにくをすりおろして1に加える。りんごは皮をむいて芯を取り除き、すりおろして1に加える。セロリは筋を取り、すりおろして1に加え、混ぜ合わせる。*

*つくってすぐでも食べられるが、保存容器に入れて冷蔵庫で一晩おいてなじませると、玉ねぎの辛みがとれてまろやかになる。

◇ 保存容器に入れ、冷蔵庫で3日ほど保存可能。
◇ 食べ方：焼き肉のサラダ、豆のサラダによく合う。

スイートチリソース
（なかしましほさん）

生春巻きのつけだれの定番を手づくり。
ちょっと甘めで、ピリリとスパイシー。

材料（つくりやすい分量）
砂糖 — 100g
水 — 1/2カップ
赤とうがらし（小口切り）— 1本分
にんにく（みじん切り）— 1片分
酢 — 1/2カップ

つくり方
酢以外の材料を小鍋に入れて中火にかける。煮立ったら酢を加えて弱火にし、10分煮る。

◇ 保存容器に入れ、冷蔵庫で1週間ほど保存可能。
◇ 食べ方：素揚げにした野菜（ごぼう、れんこん、じゃがいもなど）をあえるとおいしい。

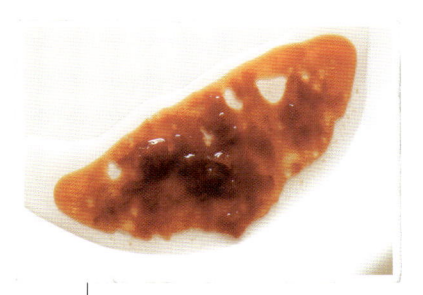

梅ドレッシング
（牧田敬子さん）

梅干しのキリッとした酸味、塩けがきいた、
食欲をそそるドレッシングです。

材料（つくりやすい分量）
梅肉* — 小さじ1強
米酢 — 大さじ1
しょうゆ — 小さじ1
太白ごま油 — 大さじ1
*塩分17%の梅干しを使用。種を除き、果肉を包丁でたたく。

つくり方
梅肉をボウルに入れ、米酢を加えて溶き混ぜてから、しょうゆ、ごま油を加えて混ぜ合わせる。

◇ そのつどつくって食べきるのがおすすめ。
◇ 食べ方：水菜、大根、かぶ、サニーレタスなど、みずみずしい生野菜でつくる和風サラダのドレッシングとして。

バルサミコドレッシング
（牧田敬子さん）

まろやかな酸味と深い香りはバルサミコならでは。隠し味にしょうゆをプラス。

材料（つくりやすい分量）
バルサミコ酢 — 大さじ1
にんにく（すりおろし）— 少々
しょうゆ — 小さじ1/4
塩 — 小さじ1/8
太白ごま油 — 大さじ1

つくり方
ごま油以外の材料をボウルに順に加えては混ぜ合わせ、最後にごま油を加えて混ぜ合わせる。

◇ そのつどつくって食べきるのがおすすめ。
◇ 食べ方：ルッコラ、サラダ用ほうれん草など、ややくせのある葉野菜のサラダのドレッシングとして。

パセリとレモンのドレッシング
（ワタナベマキさん）

レモンの鮮烈な香りと酸味が主役の
ドレッシング。にんにくがアクセントに。

材料（つくりやすい分量）
パセリ — 小8房
にんにく — 1片
玉ねぎ — 1/4個
レモン（しぼり汁）— 1/2個分
オリーブ油 — 1/4カップ
てんさい糖 — 大さじ1
塩 — 小さじ1
こしょう — 少々

つくり方
1 パセリ、にんにくはみじん切りにする。玉ねぎはみじん切りにして水に約5分さらし、ペーパータオルで水けをよくふく。

2 1と残りの材料をボウルに入れ、よく混ぜ合わせる。

◇ 保存容器に入れ、冷蔵庫で3〜5日保存可能。
◇ 食べ方：葉野菜のサラダ、魚介類のサラダによく合う。魚のフリットにかけてもおいしい。

わたしのとっておきドレッシング
〜こっくり味〜

味に深みのあるドレッシング、とろりと濃度のあるソースなどを集めました。

スパイシーきな粉ドレッシング（カノウユミコさん）

きな粉のコクと風味をベースに、エスニックな味わいに仕立てました。

材料（つくりやすい分量）
- きな粉 — 大さじ4
- 玉ねぎ（みじん切り）— 1/8個分
- レモン（しぼり汁）— 大さじ2
- オリーブ油 — 大さじ2
- しょうゆ — 大さじ1
- 水 — 大さじ1 1/2
- 塩 — 少々
- 一味とうがらし — 少々
- クミン（パウダー）— 少々

つくり方
すべての材料をボウルに入れ、よく混ぜ合わせる。

◇ 保存容器に入れ、冷蔵庫で3〜4日保存可能。
◇ 食べ方：生野菜、温野菜でつくるエスニック風サラダのドレッシングとして。焼いたパンにつけてもおいしい。

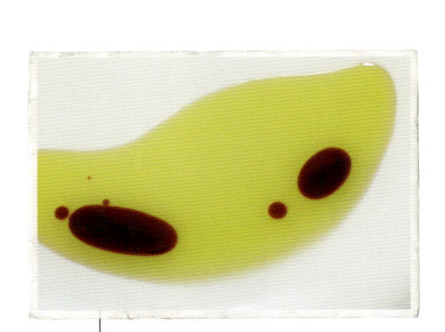

亜麻仁油としょうゆのたれ（なかしましほさん）

ナッツのようなコクと、ほのかな青い香りをもつ亜麻仁油に、しょうゆのうまみをプラス。

材料（つくりやすい分量）
- 亜麻仁油＊ — 適量
- しょうゆ — 適量

＊「亜麻」という植物の種からしぼった、独特の風味をもつ油。

つくり方
亜麻仁油としょうゆを3対1の割合で混ぜ合わせる。

◇ 亜麻仁油が酸化しやすいので、そのつどつくる。
◇ 食べ方：温野菜や豆腐サラダによく合う。ただし亜麻仁油は熱に弱いため、温野菜の場合は冷ましてからかける。

自家製みそマヨネーズ（飛田和緒さん）

みそや玉ねぎを加えた風味豊かなマヨネーズ。市販品よりもさらりとした口当たり。

材料（つくりやすい分量）
- 卵黄 — 1個分
- 玉ねぎ（みじん切り）— 1/8個分
- 酢 — 大さじ2
- みそ、砂糖 — 各大さじ1
- マスタード、レモン（しぼり汁）— 各少々
- オリーブ油 — 約1/4カップ

つくり方
1 オリーブ油以外の材料をボウルに入れて軽く混ぜ合わせる。
2 オリーブ油を少しずつ垂らしながら、とろみがつくまで泡立て器で混ぜ合わせる。

◇ 保存容器に入れ、冷蔵庫で3〜4日保存可能。
◇ 食べ方：市販のマヨネーズと同様にあらゆるサラダに。蒸した白身魚のソースにしてもおいしい。

くるみドレッシング（渡辺有子さん）

くるみのほろ苦さ、パルミジャーノチーズのコクを合わせてしっかりしたうまみに。

材料（つくりやすい分量）
- くるみ — 50g
- オリーブ油 — 90ml
- 酢 — 大さじ1 1/2
- 塩 — 少々
- 黒こしょう — 適量
- パルミジャーノチーズ（すりおろし）— 20g

つくり方
すべての材料をフードプロセッサー（またはミキサー）で攪拌し、なめらかにする。

◇ 保存容器に入れ、冷蔵庫で1週間ほど保存可能。
◇ 食べ方：サニーレタスなど、生の葉野菜のドレッシングとして。温野菜（ブロッコリーなど）につけるディップにしてもおいしい。

すりごまガーリックドレッシング
（渡辺有子さん）

たっぷりのすりごまと、にんにくの風味がきいた、パンチのある味わい。

材料（つくりやすい分量）
白すりごま — 大さじ4
にんにく（すりおろし）— 1片分
ごま油 — 大さじ3
酢 — 大さじ2
しょうゆ — 小さじ1
砂糖 — 小さじ1
塩 — 少々
白こしょう — 適量

つくり方
すべての材料をボウルに入れ、よく混ぜ合わせる。

◇ 保存容器に入れ、冷蔵庫で1週間ほど保存可能。
◇ 食べ方：春雨、レタス、ゆでたさやいんげんなどでつくる中華風サラダのドレッシングとして。

ブルーチーズソース
（牧田敬子さん）

ブルーチーズのピリッとした風味と深いうまみを生かし、個性的なソースに。

材料（つくりやすい分量）
ブルーチーズ* — 50g
生クリーム — 1/4カップ
にんにく（すりおろし）— 少々
塩 — 少々
＊ゴルゴンゾーラなど好みのものでよい。

つくり方
チーズを小さく崩して小鍋に入れ、生クリーム、にんにくを加えて弱火にかける。チーズが溶けて全体が温まったら、味をみて塩で調味する。

◇ そのつどつくり、温かい状態で食べる。
◇ 食べ方：ゆでたり、蒸したりしたじゃがいも、グリーンアスパラガス、セロリなどのソースとして。

豆腐ドレッシング
（瀬戸口しおりさん）

豆腐、豆乳、オリーブ油の組み合わせで、独特のまろやかさとコクが生まれます。

材料（つくりやすい分量）
絹ごし豆腐 — 200g
豆乳（成分無調整）— 1/2カップ
わさび — 小さじ1/2
塩 — 小さじ1弱
薄口しょうゆ — 小さじ1
オリーブ油 — 大さじ1

つくり方
1　豆腐はペーパータオルなどで包んで重しをし、15分ほど水きりをする。
2　豆腐をすり鉢に入れてすりこ木ですりつぶし、なめらかになったら、豆乳、わさび、塩、薄口しょうゆを加えてすり混ぜる。最後にオリーブ油を加えて混ぜる。

◇ 保存容器に入れ、冷蔵庫で3〜4日間保存可能。
◇ 食べ方：おひたし、蒸し野菜に。フリッターやかき揚げのたれにしてもおいしい。

バーニャカウダ
（飛田和緒さん）

イタリアンの前菜でおなじみの温かいソース。にんにくとアンチョビで濃厚に。

材料（つくりやすい分量・でき上がり約1 1/2カップ）
にんにく — 2個（8〜10片）
牛乳 — 1カップ
アンチョビ — 7〜8切れ
オリーブ油 — 1/4〜1/3カップ
塩 — 適量

つくり方
1　にんにくは薄皮をむき、牛乳とともに鍋に入れて中火にかける。ふつふつし始めたら弱火にし、にんにくが柔らかくなるまで10分ほど煮て火を止める。

2　1の鍋にハンドミキサーを差し入れて撹拌する（または、にんにくをフォークでつぶす）。アンチョビを加えてさらに撹拌し、オリーブ油を少しずつ加えながら、とろみがつくまで撹拌する（フォークでつぶした場合は、鍋を再び弱火にかけ、粗く刻んだアンチョビを加えて煮る。アンチョビが煮溶けたら火を止め、オリーブ油を少しずつ加えながら、とろみがつくまで混ぜる）。味をみて塩でととのえる。

◇ 保存容器に入れ、冷蔵庫で3〜4日保存可能。
◇ 食べ方：温かい状態で、温野菜や生の野菜スティックのソースにする。

わたしのとっておきディップ

生のスティック野菜、温野菜などに添えるのにおすすめのディップです。

にんじんのマヨネーズ風ディップ
（カノウユミコさん）

栄養豊富なにんじんを主役にした、やさしく、軽やかな口当たりのディップ。

材料（つくりやすい分量）
にんじん ── 1本（約150g）
塩 ── 少々
A ┌ 菜種油 ── 大さじ3
　├ りんご酢 ── 大さじ2
　├ メープルシロップ ── 小さじ2
　├ 麦みそ ── 小さじ2
　├ マスタード ── 小さじ1強
　├ 塩 ── 小さじ1/2
　└ 白こしょう ── 少々

つくり方
1　にんじんは乱切りにする。厚手の鍋ににんじん、水1/2カップ（材料外）、塩を入れ、ふたをして弱火で蒸し煮にする。にんじんが柔らかくなったらふたを取り、水分をとばして火を止める。粗熱がとれるまでおく。
2　フードプロセッサー（またはミキサー）に1、Aの材料を入れ、なめらかになるまで攪拌する。

◇ 保存容器に入れ、冷蔵庫で3〜4日保存可能。
◇ 食べ方：マヨネーズの代わりとして、さまざまなサラダに。

自家製ツナのディップ
（飛田和緒さん）

手づくりツナの味わいが絶妙。砂糖としょうゆのほのかな味つけがアクセントに。

材料（つくりやすい分量）
自家製ツナ
┌ めかじき ── 2切れ
├ 塩 ── 小さじ1/2
└ オリーブ油 ── 大さじ2
砂糖、しょうゆ ── 各小さじ1/2
マヨネーズ ── 大さじ2〜3

つくり方
1　自家製ツナをつくる。めかじきは一口大に切り、塩をふって10分ほどおく。表面の水けをよくふき取り、ひたひたの水とともに鍋に入れ、中火で4〜5分ゆでる。オリーブ油を加えて火を止め、ゆで汁につけたまま冷ます。
2　1のツナを鍋から取り出し、細かくほぐす。ゆで汁大さじ2とともにフライパンに入れ、弱めの中火で汁けがなくなるまで炒る。砂糖としょうゆを加えて混ぜ、火を止めて冷ます。
3　粗熱がとれたらマヨネーズと混ぜ合わせる。

◇ 保存容器に入れ、冷蔵庫で3〜4日保存可能。
◇ 食べ方：温野菜や生のスティック野菜につける。パスタのサラダ、ゆで卵のサラダをあえてもおいしい。

豆腐のマヨネーズ風ディップ
（なかしましほさん）

豆腐をベースにした、ふんわり食感の滋味あふれるディップ。からしがアクセント。

材料（つくりやすい分量）
木綿豆腐 ── 1/2丁（150g）
菜種油 ── 大さじ2
酢 ── 大さじ1
練りがらし ── 小さじ1/2
塩 ── 小さじ1/4

つくり方
すべての材料をフードプロセッサー（またはミキサー）に入れて攪拌するか、すり鉢に入れてすりこ木ですりつぶしながら混ぜ、なめらかにする。

◇ 保存容器に入れ、冷蔵庫で2日ほど保存可能。
◇ 食べ方：温野菜のディップとして。ポテトサラダをあえるマヨネーズとして使ってもおいしい。

焼きなす入りタヒーナソース
（瀬戸口しおりさん）

タヒーナソースは中近東のごまソース。
焼きなす、ヨーグルトを加えてまろやかに。

材料（つくりやすい分量）
なす ── 2本
プレーンヨーグルト ── 大さじ5
白すりごま ── 大さじ1
塩 ── 小さじ1/2
レモン（しぼり汁）── 大さじ1/2
クミン（パウダー）── 少々
にんにく ── 1/2片

つくり方

1 なすはへたの1カ所に切り目を入れる。魚焼きグリルなどに入れ、焦げ目がしっかりついて全体が柔らかくなるまで焼く。

2 なすのへたを除いて皮をむき、適当な大きさに切ってから、残りの材料とともにフードプロセッサー（またはミキサー）に入れ、なめらかになるまで攪拌する。

◇ 保存容器に入れ、冷蔵庫で3〜4日保存可能。
◇ 食べ方：蒸したり、焼いたりした肉、魚介を使ったサラダに。パンにつけるディップにしてもおいしい。

酒粕と大豆のディップ
（カノウユミコさん）

こんがりと焼いた酒粕がうまみのもと。
チーズを思わせる熟成感のある味わいに。

材料（つくりやすい分量）
大豆（ゆでたもの・または水煮缶）── 100g
酒粕（板状のもの）── 60g
オリーブ油 ── 大さじ3
麦みそ ── 小さじ1
塩 ── 小さじ1/2強（好みで加減）

つくり方

1 酒粕を天板にのせ、200℃のオーブン（またはオーブントースター）で4〜5分、こんがり色づくまで焼く。

2 すべての材料をフードプロセッサー（またはミキサー）に入れ、なめらかになるまで攪拌する。

◇ 保存容器に入れ、冷蔵庫で3〜4日保存可能。
◇ 食べ方：温野菜や生のスティック野菜、クラッカー、パンにつけるディップに。

マッシュルームとじゃがいものバターディップ
（ワタナベマキさん）

バターのコクとうまみ、塩けがきいた
濃厚ディップ。マッシュルームが味の深みのもとに。

材料（つくりやすい分量）
マッシュルーム ── 6個
じゃがいも ── 2個
玉ねぎ ── 1/6個
バター ── 40g
白ワイン ── 大さじ1
生クリーム ── 1/2カップ
塩 ── 小さじ1/2
こしょう ── 少々
オリーブ油 ── 適量

つくり方

1 マッシュルームは石づきを取り、約5mm厚さに切る。じゃがいもは皮をむき、約1cm角に切る。玉ねぎはみじん切りにする。

2 鍋にバター20gを入れて中火にかけ、半量ほど溶けたら1を加えて炒める。全体にしんなりしたら白ワインを加えてひと煮立ちさせる。水1/2カップ（材料外）を加え、弱火にしてじゃがいもが柔らかくなるまで煮る。

3 火を止めてフードプロセッサーに入れ、残りのバター、生クリーム、塩、こしょうを加え、なめらかになるまで攪拌する（またはハンドミキサーで攪拌する）。

4 保存容器に入れて冷蔵庫で冷やし、食べるときにオリーブ油を垂らす。

◇ 保存容器に入れ、冷蔵庫で4日ほど保存可能。
◇ 食べ方：パンや温野菜、生のスティック野菜などにつけるディップとして。

なかしましほさんの
アジアンサラダ

人の手で、素材に調味料の味をしっかりなじませるサラダ

サラダっぽい料理を何品もつくり、お酒と合わせる。これが、なかしまさん好みの夕飯の形です。そのサラダには、かつてベトナム料理店の厨房で腕をふるった時代に親しんだレシピが、今もたびたび加わるといいます。

ベトナム料理で「サラダ」に当たるのは「ゴイ」と呼ばれる料理。

「蒸し鶏と野菜をあえたゴイ・ガー、蓮の茎を甘酢漬けにしてあえたゴイ・センなどがポピュラーです。サラダよりあえものに近いかな。ドレッシングをさっとかけるというより、具材にしっかりからめたものが多いです」

その作業をするのは、主に人の手。大きなボウルに野菜と調味料を合わせ、手を差し入れてザックリ、ザックリとあえていきます。

「ベトナムやタイには手であえる料理が多い。手を使うことで、味がよくなじむんです」

それは、なかしまさんのサラダにも色濃く表れている特徴。ナンプラーのうまみと香り、レモンや酢の酸味、油のまろやかさなどが、野菜や肉などの具材とじんわりなじみ、深く複雑な味わいを醸し出しています。

profile

shiho nakashima

出版社勤務、ベトナム料理店やナチュラル系レストランでの厨房担当などを経て、現在は「foodmood（フードムード）」としてお菓子の製作、レシピ提案を行っている。近著に『まいにち食べたい"ごはんのような"クッキーとクラッカーの本』（主婦と生活社）がある。

"ベトナムと日本は
食材が似通っていて、
辛さも控えめだから
日本人の口に合うんです。
ハーブ類が別盛りで
出てくるのがうれしいところ"

にんじんのソムタム風

材料 (2人分)
にんじん ― 2本
たれ
- 干しえび ― 小さじ1
- にんにく ― 1/4片
- 赤とうがらし ― 1/2本
- ナンプラー ― 大さじ1〜1 1/2
- 酢 ― 大さじ1
- きび砂糖 ― 大さじ1

香菜 (シャンツァイ・あれば) ― 適宜

つくり方

1　たれをつくる。干しえび、にんにく、種を除いた赤とうがらしをすり鉢に入れ、すりこ木でよくつぶす。残りの材料を加えて混ぜ合わせる (ナンプラーは、はじめに大さじ1を加え、最後に味をみてから適宜足すとよい)。

2　にんじんは食べやすい長さのせん切りにする。

3　1のすり鉢ににんじんを加え、手でもみ込むようにしてしんなりするまでよくあえる。*器に盛り、香菜をのせる。

*とうがらしの刺激を感じることがあるので、手にポリ袋などをはめるとよい。

タイの青いパパイヤのサラダ、ソムタムをにんじんで。干しえびのきいたたれをよくなじませて。

shiho nakashima

レモンそぼろのレタス包み

材料（2人分）

レモンそぼろ
- 鶏ひき肉 ── 200g
- レモン（しぼり汁）── 大さじ2
- レモンの皮（すりおろし）* ── 1個分
- 塩 ── 小さじ1/4

ワンタンの皮 ── 3枚
カシューナッツ ── 30g
香菜（シャンツァイ）── ひとつかみ
レタス ── 適量
サラダ油 ── 大さじ2
マヨネーズ、スイートチリソース（好みで）── 各適宜

*皮を使うので、国産の無農薬のものがよい。

つくり方

1　レモンそぼろをつくる。フライパンにひき肉、レモン汁、塩を入れて中火にかけ、水分がとんでぽろぽろになるまでしっかり炒める。火を止めてレモンの皮を加える。

2　ワンタンの皮は5mm幅に切る。サラダ油を小鍋に入れて中火で熱し、ワンタンの皮を入れ、きつね色になるまで炒め揚げにする。油をきって取り出す。

3　フライパンを熱し、カシューナッツを入れてから炒りし、粗く刻む。香菜は食べやすい長さにちぎる。

4　1、2、3の具材とレタスを彩りよく器に並べる。レタスで具材を包み、好みでマヨネーズ、スイートチリソースをつけて食べる。

「包んで食べる」料理はベトナムではおなじみ。塩とレモンで味つけした鶏そぼろがさわやか。

香菜ポテトサラダ

材料 (2人分)

じゃがいも ── 3個
にんにく ── 1片
香菜 (シャンツァイ) ── 好きなだけ
下味
[オリーブ油 ── 大さじ1
  塩 ── 小さじ¼
マヨネーズ ── 大さじ2
サワークリーム ── 大さじ2
塩、粗びき黒こしょう ── 各適量

つくり方

1 じゃがいもは皮をむいて一口大に切り、にんにくは縦半分に切って芯を取り除き、包丁の背でつぶす。ともに下味の材料をからめ、オーブン用シートを敷いた天板に並べる。180℃に予熱したオーブンで25〜30分、じゃがいもに竹串がスッと通るまで焼く。

2 熱いうちにボウルに移してフォークなどで軽くつぶし、粗熱をとる。

3 香菜は茎と葉に分け、茎はみじん切りに、葉はざく切りにする。

4 2にマヨネーズ、サワークリームを加えてあえ、塩、黒こしょうで味をととのえる。最後に香菜を加えてさっくりと混ぜる。

オーブンで焼いて焦げ目をつけたポテトが香ばしい。サワークリームと香菜でほかにはない一品に。

shiho nakashima

蒸し鶏とキャベツのコールスロー

材料 (2人分)

蒸し鶏
- 鶏胸肉 — 1枚
- しょうが (薄切り) — 2枚
- 塩 — 少々
- 酒 — 大さじ1

キャベツ — 1/4個
にんじん — 1/4本

ドレッシング
- ナンプラー — 大さじ1 1/2
- 菜種油 — 大さじ2
- 酢 — 大さじ3
- 白こしょう — 少々
- きび砂糖 — 小さじ2

つくり方

1　蒸し鶏をつくる。鶏肉は皮全体にフォークを刺し、塩、酒をふり、しょうがとともに耐熱皿にのせる。蒸気の上がった蒸し器に入れて蒸し（または、ラップをかけて600Wの電子レンジで6分加熱し）、火を通す。蒸し汁ごと冷まし、5mm厚さのそぎ切りにする。＊

2　キャベツは太めのせん切り、にんじんはせん切りにする。

3　ボウルにドレッシングの材料を合わせて2を加え、手でさっくりともみ込むようにして混ぜる。1の蒸し鶏も加えてさっと混ぜる。

＊残った鶏の蒸し汁は、ナンプラー少々を足して湯でのばせば、1人分のフォーのスープになる。香菜とレモンを添えて。

ベトナムの蒸し鶏のあえもの、ゴイ・ガー風。味がなじみ、少ししんなりした生のキャベツが美味。

刺身とラディッシュのマリネ

材料 (2人分)

刺身用の白身魚 (鯛、すずきなど) *1 — 200g
ラディッシュ — 小10個
ドレッシング (つくりやすい分量)
　┌ 香菜 (シャンツァイ) の茎 (みじん切り) — 1束分
　│ 赤玉ねぎ*2 (みじん切り) — 大さじ1
　│ オリーブ油 — 大さじ2
　│ ナンプラー — 大さじ1/2
　└ 酢 — 小さじ1
塩 — 少々

*1 好みで刺身用の帆立貝柱を使ってもよい。
*2 なければ玉ねぎでもよい。

つくり方

1　白身魚は食べやすい大きさの薄切りにする。ラディッシュは薄い輪切りにする。

2　ドレッシングの材料をよく混ぜ合わせる。

3　器に白身魚、ラディッシュを並べ、塩を軽く全体にふり、ドレッシングを回しかける。

赤、白、緑の色彩が印象的なこのサラダは、香菜風味の鮮烈なドレッシングがおいしさの決め手。白身魚のあっさりしたうまみ、甘みが引き立ち、個性的で飽きのこない味わいです。

73

きゅうりとハーブのサラダ

皮をむいて種を取ったきゅうりは、ベトナムのきゅうりに似た軽くやさしい味わい、。ハーブで涼やかに。

材料（2人分）

きゅうり —— 3本（約240g）
ドレッシング
　[ナンプラー —— 小さじ2
　 酢 —— 小さじ2
　 オリーブ油 —— 小さじ1]
ディル、ミント —— 各軽くひとつかみ

つくり方

1 きゅうりはピーラーで皮をむく。縦半分に切り、種をスプーンなどで取り除き、5〜6cm長さの棒状に切る。

2 ドレッシングの材料をボウルに入れて混ぜ合わせ、1を加え、手でもみ込むようにして混ぜる。

3 ディル、ミントを手で粗くちぎりながら加え、さっと混ぜる。

shiho nakashima

ひじきと春雨のジンジャーサラダ

つるつるの中にシャキシャキが顔を出す、食感豊かなサラダです。しょうがの清涼感がアクセントに。

材料（2人分）

- ひじき（乾燥） — 10g
- 春雨 — 40g
- パプリカ（赤） — 1/4個
- 赤玉ねぎ* — 1/4個
- 油揚げ — 1/2枚
- ドレッシング
  - しょうが（すりおろし） — 大さじ1
  - 菜種油 — 大さじ1
  - 酢 — 大さじ1
  - ナンプラー — 大さじ1/2

＊なければ玉ねぎでもよい。

つくり方

1　鍋にたっぷりの湯を沸かし、春雨を柔らかくゆでてざるに上げる。ゆでた湯は、ひじきを入れたボウルに加えてひじきをもどす。春雨は水で洗って水けをきり、食べやすい長さに切る。ひじきは水で洗い、水けをきる。

2　パプリカはへたと種を除いて縦に細切りにする。赤玉ねぎは繊維と直角に薄切りにし、水にさらしてパリッとさせ、水けをきる。

3　油をひかずにフライパンを弱火で熱し、油揚げの両面を香ばしく焼く。油をふき、縦半分に切って横に5mm幅に切る。

4　ドレッシングの材料をボウルに入れてよく混ぜ合わせ、1、2、3の具材を加えてさっくりと混ぜる。

牛肉とクレソンのサラダ

材料 (2人分)

牛もも薄切り肉 (しゃぶしゃぶ用など)
　── 150g
クレソン ── 2〜3束 (約120g)
ミント ── 軽くひとつかみ
ミニトマト ── 4個
ドレッシング (つくりやすい分量)
- ナンプラー ── 大さじ1
- きび砂糖 ── 大さじ1
- 赤とうがらし ── 1/4本
- 湯 ── 大さじ2
- オリーブ油 ── 大さじ1
- レモン (しぼり汁) ── 大さじ1/2

つくり方

1 鍋に湯を沸かして牛肉をさっとくぐらせ、冷ます。

2 クレソンは葉の柔らかい部分を摘む。ミントは食べやすい大きさにちぎる。ミニトマトはへたを取って4つ割りにする。

3 ドレッシングをつくる。赤とうがらしはへたと種を取って小口切りにする。ボウルにナンプラー、きび砂糖、赤とうがらし、湯を入れて混ぜ、砂糖を溶かす。冷めたらオリーブ油、レモン汁を加えて混ぜる。

4 食べる直前に、**3**のドレッシング適量に**1**、**2**の具材を加えてさっくりと混ぜる。＊

＊ **1**、**2**の具材を合わせて器に盛り、ドレッシングを別の器に入れて添えてもよい。

相性のいい牛肉とクレソンの取り合わせに、涼やかなミントが加わると、ぐっとアジアンな味に。

shiho nakashima

かぼちゃとココナッツミルクのサラダ

材料（2人分）
かぼちゃ — 1/4個
下味
[オリーブ油 — 大さじ1
[塩 — 少々
カシューナッツ — 10粒（約20g）
カレー粉 — 小さじ1
ココナッツミルク — 大さじ3
塩 — 適量
ミント（あれば） — 適宜

つくり方

1 かぼちゃは種とわたを取り除き、一口大に切る。下味をからめ、オーブン用シートを敷いた天板にのせる。180℃に予熱したオーブンで20〜25分、柔らかくなるまで焼く。

2 カシューナッツは、油をひかずにフライパンでから炒りする（または、**1**のかぼちゃが焼き上がる5分ほど前に一緒にオーブンに入れて焼く）。

3 ボウルにかぼちゃ、カシューナッツを入れ、熱いうちにカレー粉をふって全体にからめる。粗熱がとれたらココナッツミルクを加え、かぼちゃを軽くつぶすようにしてさっくりと混ぜる。塩で味をととのえる。器に盛り、あればミントを飾る。

甘くスパイシーな、おつまみ風かぼちゃサラダ。ココナッツミルクのさわやかなコクが癖になります。

えびと温野菜のピーナッツソース

材料 (2人分)

- えび (ブラックタイガー) ― 6尾
- ブロッコリー ― 1/2個
- スナップえんどう ― 5本
- さやいんげん ― 5本
- 塩 ― 適量
- 酒 ― 少々
- ピーナッツソース (つくりやすい分量)
  - ピーナッツバター (加糖・チャンクタイプ) ― 50g
  - シーズニングソース* ― 大さじ1/2
  - 酢 ― 大さじ1/2
  - 赤とうがらし ― 1/2本
  - しょうが (すりおろし) ― 小さじ1/2
  - にんにく (すりおろし) ― 小さじ1/4
  - 水 ― 50ml

* P107参照。なければ、たまりじょうゆで代用してもよい。

つくり方

1 ピーナッツソースをつくる。赤とうがらしはへたと種を取り、みじん切りにする。水以外の材料をよく混ぜ合わせてから、水を加えて溶きのばす。

2 ブロッコリーは小房に分け、スナップえんどうはへたと筋を取り、塩少々を加えた熱湯でそれぞれ固めにゆでてざるに上げる。スナップえんどうは斜め半分に切る。さやいんげんも同様にしてゆでてざるに上げ、食べやすい長さに切る。

3 えびは尾を取り除いて殻をむき、背わたを取り、塩少々をもみ込んで水で洗う。酒を加えた熱湯でゆで、ざるに上げて冷ます。

4 2の野菜、3のえびを器に盛り合わせる。別の器にピーナッツソースを入れて添え、つけて食べる。*

* 野菜、えびをピーナッツソースでよくあえてから器に盛ってもよい。

なかしまさん流にアレンジした、インドネシア料理「ガドガド」のピーナッツソース。
ピーナッツのコクとスパイシーな香りで、温野菜がいくらでも食べられます。

shiho nakashima

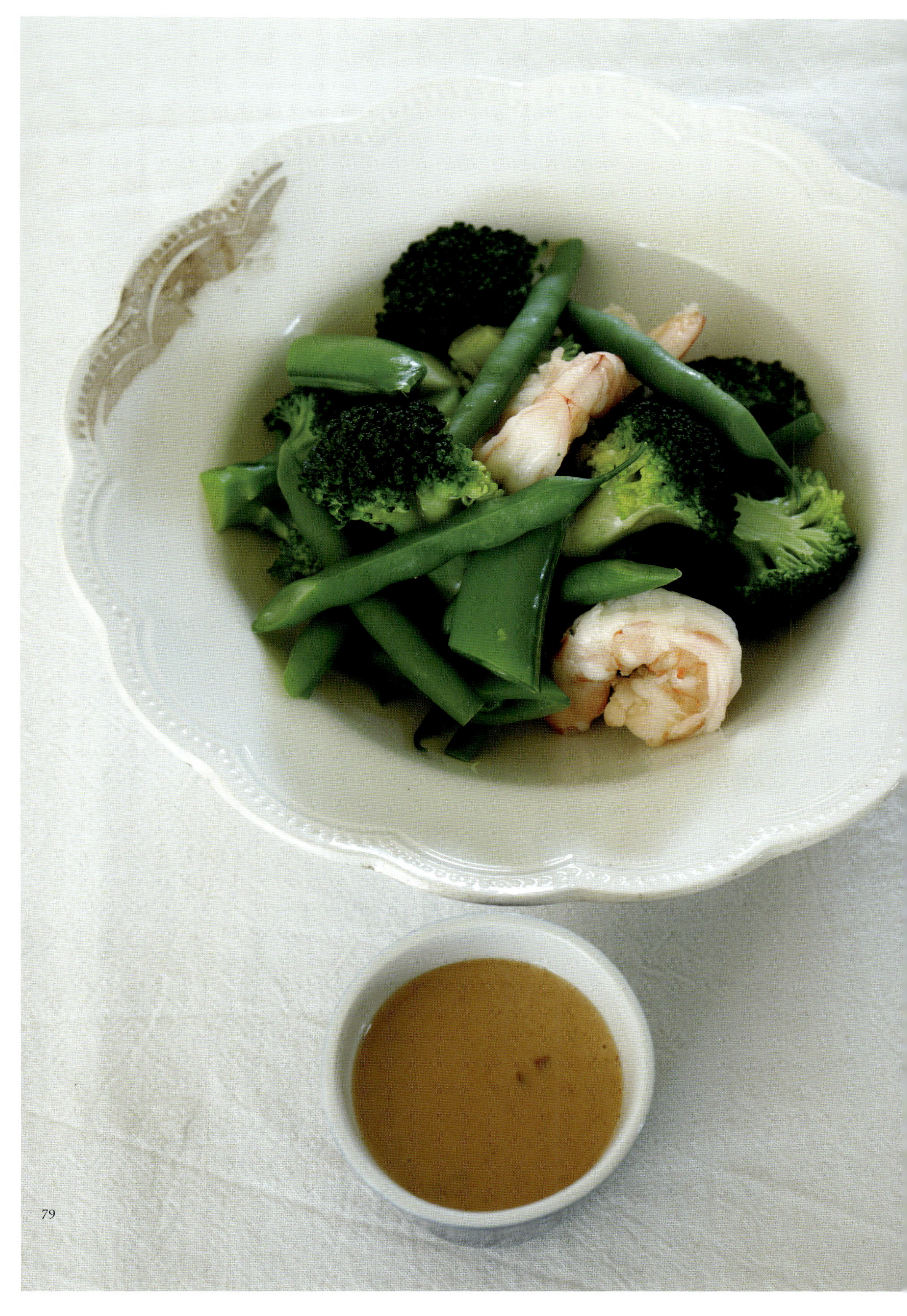

瀬戸口しおりさんの果物を使ったサラダ

サラダに果物を入れるとおもてなしの食卓にもぴったり

サラダの主役として、アクセントとして、さらにはドレッシングやソースの材料として、瀬戸口さんは好んで果物を使います。

「昔、働いていた『kuukuu』では、季節の果物を使ったサラダをよく出していました。たとえば鴨肉といちごを合わせて、ざくろドレッシングをかけたり……。その名残もあるのかな」

おもてなしや、持ち寄りのごはん会の機会も多い瀬戸口さんは、果物のサラダを、主に前菜として食卓に出しているそう。

「果物を使うと、華やかで見栄えもするサラダになるから、喜んでもらえるんです。いちじくなども、それだけで食べるとあまり主張がないのに、サラダに入れると、野菜に引き立てられて、よりおいしく感じますよね」

果物の、ほかにはない鮮やかな色彩や、香り、甘み。そして、瀬戸口さんが果物を好むもう一つの理由は、サラダの味わいの要素として欠かせない「酸味」の部分です。

「実は、酢の酸っぱさが苦手なんです。でも、酸味のもとを果物にすると、やわらぎますよね。誰でも食べやすいサラダになると思います」

"ドレッシングは、
2、3回分をまとめて保存瓶につくりおき。
お気に入りのいちごドレッシングは、
時間がたつにつれ、
瓶の中できれいなピンク色に変わっていきます"

profile

shiori setoguchi

料理家。宮城県生まれ。かつて東京・吉祥寺にあった『諸国空想料理店kuukuu』のスタッフ、料理家・高山なおみさんのアシスタントを経て独立。近著に『わたしの作りおきおかず』(アスペクト)、『家で／つくる／たべる／おやつ』(アノニマ・スタジオ)などがある。

＊いちごドレッシングのレシピはP60にあります。

なしの韓国風サラダ

しっかりと濃い味つけが、なしのすがすがしい甘みを引き立て、コクも軽やかさもあるサラダに。

材料（2人分）

- なし — ½個
- 春雨 — 40g
- きゅうり — 大½本
- にんじん — ½本
- 春菊 — 4本
- 白菜キムチ — 80g

ドレッシング（つくりやすい分量）
- 黒すりごま — 大さじ2
- 米酢 — 50ml
- しょうゆ — 大さじ1
- 砂糖 — 小さじ1
- オイスターソース — 小さじ1
- 豆みそ（八丁みそ）— 小さじ1
- ごま油 — 大さじ3

つくり方

1 春雨は袋の表示どおりにゆで、ざるに上げて水気をよくきり、長ければ食べやすい長さに切る。なし、きゅうり、にんじんは食べやすい長さのせん切りにする。春菊は茎と葉に分け、茎は縦半分に切ってから5cm長さに切り、葉はざく切りにする。

2 ドレッシングをつくる。ボウルにごま油以外の材料を順に加えながらよく混ぜ合わせ、最後にごま油を加える。

3 1の具材と白菜キムチをあえて器に盛り、2のドレッシング適量をかける。

shiori setoguchi

いちごと合鴨スモークのサラダ

合鴨の豊かなうまみと、いちごのフレッシュ感、クレソンの苦み。華やかな味わいが広がります。

材料（2人分）

- いちご — 3〜4個
- レタス（リーフレタス） — 4〜5枚
- ブラウンマッシュルーム — 2個
- クレソン — 1束
- 合鴨スモーク（市販・約5mm厚さのもの） — 6切れ

ドレッシング（つくりやすい分量）
- 玉ねぎ — 1/4個
- 白ワインビネガー — 大さじ2
- しょうゆ — 大さじ4
- バルサミコ酢 — 大さじ2
- 粒マスタード — 大さじ1/2
- サラダ油 — 50ml

つくり方

1 ドレッシングをつくる。玉ねぎをすりおろしてボウルに入れ、残りの材料を順に加えながら混ぜ合わせる。

2 いちごはへたを取って半割りか4つ割りにする。レタスは食べやすい大きさにちぎる。ブラウンマッシュルームは石づきを除いて薄切りにする。クレソンはざく切りにする。

3 **2**の具材と合鴨スモークをざっと合わせて器に盛り、**1**のドレッシング適量をかける。

柿と黒米玄米、香菜のサラダ

材料 (2人分)

黒米玄米ご飯
(炊きやすい分量)
- 玄米 — 1合
- 黒米 — 大さじ1
- 水 — 280ml
- 塩 — 少々

柿 — 1/2個
きゅうり — 1本
トマト — 小1個
赤玉ねぎ — 小1/2個
香菜 (シャンツァイ)
　 — 1~2本
塩 — 少々

ドレッシング
- 梅干し — 1個
- 酢 — 小さじ1
- 薄口しょうゆ
　 — 大さじ1/2
- 菜種油 (またはサラダ油)
　 — 大さじ1 1/2

つくり方

1　黒米玄米ご飯を炊く。玄米に黒米を加えて洗い、水、塩を加えて3時間ほどおく。鍋または炊飯器で炊き、150gをとって冷ます。

2　ドレッシングをつくる。梅干しは種を取ってたたき、ボウルに入れる。残りの材料を順に加えながら混ぜ合わせる。

3　柿、きゅうり、トマト、赤玉ねぎはそれぞれ小さい角切りにしてボウルに入れる。香菜はざく切りにする。

4　3のボウルに塩を加えて混ぜ、1の黒米玄米ご飯、2のドレッシングを加えてさっと混ぜる。最後に香菜を加えてさっと混ぜる。

彩りと歯応えが豊かな一皿。柿の甘みと玄米の滋味、香菜の青い香りを、梅干しでさっぱりとまとめます。

shiori setoguchi

ぶどうのサラダ 塩麹ドレッシング

材料（2人分）

- ぶどう（甲州など） — 1/3房
- にんじん*1 — 1/2本
- かぶ（あやめ雪*2） — 1個
- 玉ねぎ — 1/2個
- 水菜 — 1/2株
- バターピーナッツ — 大さじ1
- ドレッシング（つくりやすい分量）
  - 塩麹 — 大さじ4
  - レモン（しぼり汁） — 大さじ1 1/2
  - サラダ油 — 大さじ2

*1 あれば金時にんじんがよい。
*2 皮の上部が紫色のかぶ。なければ、かぶ、赤かぶなどでもよい。

つくり方

1　ドレッシングをつくる。塩麹をすり鉢に入れ、すりこ木でなめらかになるまですりつぶす。レモン汁、サラダ油を順に加えて混ぜ合わせる。

2　ぶどうは皮つきのまま半分に切り、種があれば取り除く。にんじんは薄い半月切りにする。かぶはよく洗い、皮つきのまま薄い半月切りにする。玉ねぎは縦に薄切りにして水にさらし、水けをきる。水菜は5cm長さに切る。

3　バターピーナッツはすり鉢に入れ、すりこ木で粗く砕く。

4　2のぶどうと野菜をさっと混ぜて器に盛る。1のドレッシング適量を回しかけ、ピーナッツを散らす。

ぶどうのフルーティーさが野菜のみずみずしさとしっくりなじみます。塩麹で味に深みをもたせて。

メロンとズッキーニ、カッテージチーズのサラダ

材料 (2人分)

- メロン — 大 1/8 個
- ズッキーニ — 1/2 本
- カッテージチーズ — 70g
- 押し麦 — 大さじ2
- レモン (しぼり汁) — 1/2 個分
- 塩 — 適量
- オリーブ油 — 適量

つくり方

1 鍋に湯を沸かして塩少々を加え、押し麦を入れる。再び煮立ってから5〜10分、透明感が出て芯がなくなるまでゆでる。ざるに上げて冷まし、水けをよくきる。

2 メロンは皮をむいて種とそのまわりを取り除き、食べやすい大きさの角切りにする。

3 ズッキーニは薄い輪切りにしてボウルに入れ、塩小さじ1/2をふってもみ、しんなりしたら軽く水けをしぼる。

4 1、2、3の具材とカッテージチーズ、塩小さじ1/2、レモン汁をボウルに入れ、あえる。器に盛り、オリーブ油を回しかける。

メロンの濃密な甘み、ズッキーニの淡白さ、チーズのマイルドなコクが合わさって新鮮な味わいに。プチプチした押し麦がアクセントになり、一口ごとに食感の楽しさもあります。

shiori setoguchi

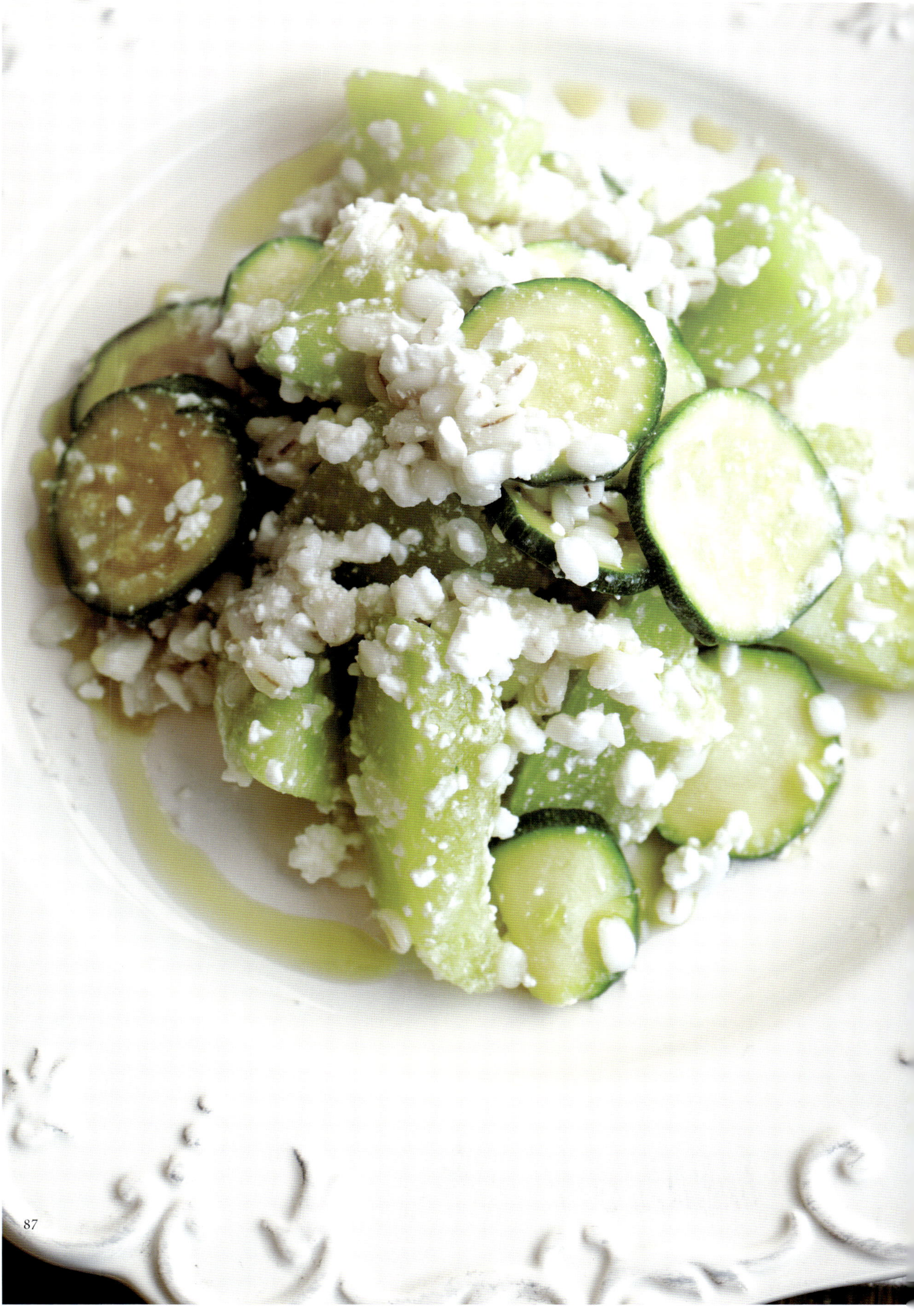

冬瓜とスウィーティーのサラダ

材料（2人分）

冬瓜 — 小1/8個
スウィーティー
　（または、ぶんたん、グレープフルーツ）— 1/2個
きゅうり — 1本
干しえび（みじん切り）— 大さじ1
塩 — 小さじ1
ナンプラー — 小さじ1/2
黒こしょう — 少々

つくり方

1　スウィーティーは皮をむき、薄皮から果肉を1房ずつ取り出す。

2　冬瓜はピーラーで皮をむき、5mm厚さのいちょう切りにしてボウルに入れる。塩をふって軽くもみ込み、15分ほどおく（出た水分も使う）。

3　きゅうりはピーラーで削るようにして縦に薄切りにする。2のボウルに加えて軽く混ぜる。

4　3に干しえび、スウィーティー、ナンプラーを加えてさっとあえる。冷蔵庫で冷やして味をなじませる。器に盛り、黒こしょうをふる。

塩でもんだ冬瓜の食感がいい。スウィーティーの酸味と干しえびの濃いうまみで、味にメリハリをつけて。

shiori setoguchi

ドライマンゴーとにんじんのサラダ

材料（2人分）

ドライマンゴー — 5枚
にんじん — 大1本
にんにく — 1/2片
青とうがらし — 1本
酢 — 大さじ1/2
レモン（しぼり汁） — 1/2個分
ナンプラー — 大さじ1
砂糖 — 小さじ1

つくり方

1 ドライマンゴー、にんじんは食べやすい長さのせん切りにする。にんにくはすりおろす。青とうがらしはみじん切りにする。

2 1をボウルに入れ、酢、レモン汁、ナンプラー、砂糖を加えてあえる。冷蔵庫に入れ、ドライマンゴーが柔らかくなって全体がよく冷えたら器に盛る。

にんじんの水けとドレッシングでドライマンゴーが柔らかくもどり、ジューシーなおいしさに。

キャラメルりんごとクスクスのサラダ

材料（2人分）
- りんご —— 1/2個
- クスクス —— 大さじ4
- かぶ —— 1個
- 赤かぶ —— 1/4個
- カリフラワー —— 1/4個
- オクラ —— 4本
- きび砂糖 —— 大さじ2
- オリーブ油 —— 大さじ1
- 塩 —— 小さじ1
- レモン（しぼり汁）—— 大さじ1

つくり方

1 りんごは皮をむき、薄いくし形切りにする。フライパンにきび砂糖を入れ、中火にかけてキャラメル状にする。りんごを加え、少ししんなりするまでよく炒める。

2 かぶは茎を少し残して8つ割りにする。赤かぶは同じくらいの大きさのくし形切りにする。カリフラワーは小房に分ける。オクラはへたを切ってガクをむく。

3 クスクスはボウルに入れ、熱湯大さじ3（材料外）を加えてもどす。フライパンにオリーブ油を熱してクスクスを入れ、塩小さじ1/2、レモンを順に加えながら炒め、なじませる。

4 蒸気の上がった蒸し器で**2**を2〜3分蒸し*、オクラは3等分の斜め切りにする。熱いうちに塩小さじ1/2をふり、クスクスとあえて器に盛る。**1**を添え、混ぜながら食べる。

* 野菜類は、歯応えが残るくらい、固めに蒸し上げたほうがおいしい。かぶ2種より、カリフラワー、オクラは火が通るのが早いので蒸し時間を加減して。

キャラメリゼしたりんごをソースにし、皿の上で野菜、クスクスと少しずつからめて味わいます。

shiori setoguchi

きんかんとうどのサラダ

材料（2人分）
- きんかん ― 6個
- うど ― 1/2本
- 白ワインビネガー ― 大さじ1
- 砂糖* ― 小さじ1強
- 塩 ― 小さじ1/4
- オリーブ油 ― 少々
- 黒こしょう ― 適量

*あれば洗双糖（粗糖の一種）がおすすめ。

つくり方

1 きんかんは種を取りながら横に薄い輪切りにする。うどは皮をむき、切らずに酢水（材料外）にさらす。水けをふき、縦に4～5cm長さの薄切りにする。

2 ボウルに**1**を入れ、白ワインビネガー、砂糖、塩を加えてあえ、冷蔵庫に10分ほどおく。

3 器に盛ってオリーブ油を回しかけ、黒こしょうをふる。

冬の終わりのきんかんと、春のはじめのうど。二つのほろ苦い素材を合わせ、シンプルなサラダに。

りんご入りロシア風ポテトサラダ

材料 (2人分)

- りんご — 1/4個
- じゃがいも — 2個
- ビーツ (缶詰) — (汁けをきって) 80g
- ゆで卵 — 1個
- 塩 — 小さじ2/3
- マヨネーズ — 大さじ2
- プレーンヨーグルト — 大さじ1/2
- ディル — 適量

つくり方

1 じゃがいもはよく洗って皮つきのまま鍋に入れ、かぶるくらいの水を加えて中火にかける。煮立ったら弱火にし、竹串がスッと通ってつぶせるくらいの柔らかさになるまでゆでる。

2 ビーツは食べやすい大きさに切る。

3 じゃがいもの皮をむいてすり鉢かボウルに入れ、すりこ木などでつぶす。熱いうちに塩、マヨネーズ、ヨーグルト、ビーツを加えて混ぜ、ゆで卵を加えてスプーンでつぶしながら混ぜ、粗熱がとれるまでおく。

4 りんごは皮をむいて芯を取り、薄いいちょう切りにして**3**に加え、混ぜる。器に盛り、ざく切りにしたディルをのせる。

ビーツを混ぜ込み、ぱっと目を引く鮮やかな赤紫色に染まったロシア風ポテトサラダ。
じゃがいも、卵、マヨネーズのまろやかな味わいの中で、りんごの甘酸っぱさがきいています。

shiori setoguchi

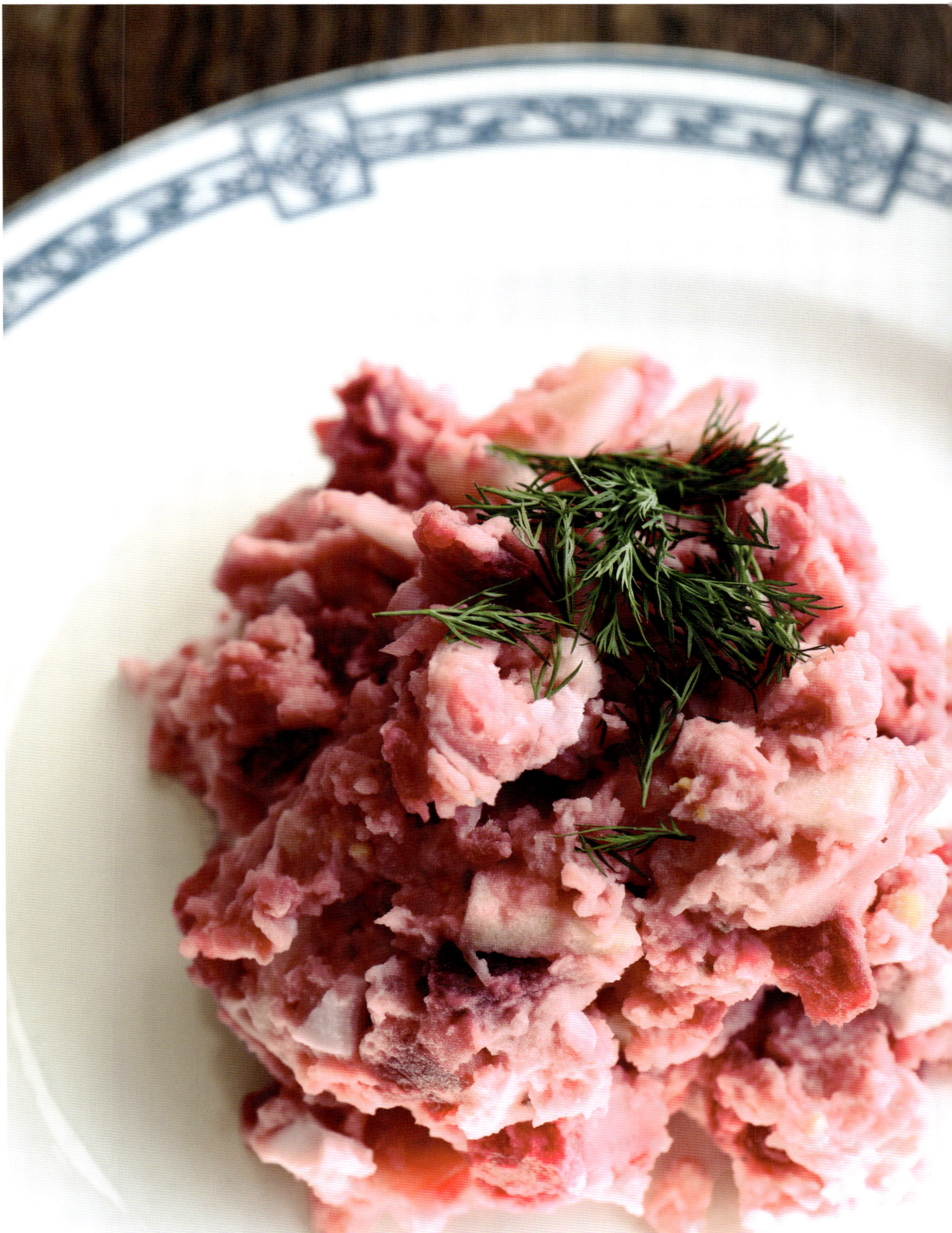

牧田敬子さんの 一素材でつくる サラダ

じっくり素材を選び、その持ち味を生かしたサラダに

牧田さんのつくるサラダは、とことんシンプル。使う野菜は、吟味して選んだ、主に旬のものを1種類のみ。つくるのは、たいがい、献立の中の箸休めとしてのサラダだから、肉や魚介を加えることもほとんどないのだとか。

シンプルなサラダは、それだけごまかしがきかないから、主役となる野菜の選び方が肝心です。

「八百屋さんでは、じっくり野菜を選ぶため、長居して売り場を行ったり来たり（笑）。お店の人に、旬の産地を教えていただくことも多いです。たとえばアスパラガスなら、長崎、長野、北海道……と、時期を追って産地が北に移っていく。意外に長い間、旬を楽しめるんですよね。日本は南北に長いんだなあ、と改めて感じます」

そんな牧田さんが好むのは、そのものの味、香りがしっかりした野菜。その持ち味を引き立てるようなドレッシング、ソースを合わせ、一つのサラダに仕立てます。

くせのない野菜が主役のサラダなら、全体の味をキュッと締めるようなスパイス、香味野菜使いも、ときに技のきかせどころです。

"サラダの器も、シンプルで味わいのあるものが好き。深みのある渋い色の大皿や深皿は、野菜の自然な色を引き立たせてくれます"

profile

itsuko makita

料理研究家。静岡県生まれ。フードスタイリスト、料理研究家のもとでアシスタントを務めたのち、独立。素材の持ち味を引き出すシンプルでつくりやすいレシピが人気を集めている。著書は『すっぴん野菜レシピ』、『すっぴん和食レシピ』(ともに文化出版局) など。

＊写真右上の器／赤木明登さん作(右)。　シドニーの工房"マッド・オーストラリア"の器(左)。

クレソンのサラダ ゆで卵添え

材料（2人分）

クレソン — 1束
ゆで卵 — 2〜3個
ドレッシング
　にんにく（すりおろし）— 1/4片分
　塩（フレークソルト）— ふたつまみ
　オリーブ油 — 小さじ1

つくり方

1　クレソンは根元の固い部分を除いて正味約50g用意し、食べやすい大きさにちぎる。* 水に放してシャキッとさせ、ざるに上げてペーパータオルで水けをふく。

2　ボウルにドレッシングの材料を入れて混ぜ合わせ、クレソンを加えてからめる。

3　ゆで卵は殻をむいて半分に切る。器に2を盛り、ゆで卵を添える。

*クレソンの茎が太くて固い場合は、柔らかい葉のみを摘んで使う。

酸味なしのドレッシングが、クレソンのほろ苦さを引き立てます。まろやかな卵と一緒に。

itsuko makita

ミニトマトのはちみつレモンスープ

材料（2人分）

ミニトマト — 20個
はちみつレモンスープ
　┌ はちみつ — 大さじ2
　│ レモン（しぼり汁）— 大さじ2
　│ しょうが（しぼり汁）— 小さじ1/8強
　└ 塩 — ごく少々

つくり方

1　ミニトマトはへたを取る。鍋に湯を沸かし、ミニトマトを10秒ほどくぐらせて冷水にとる。皮をむき、冷蔵庫で冷やす。

2　はちみつレモンスープの材料を混ぜ合わせ、冷蔵庫で冷やす。

3　やや深さのある器にミニトマトを盛り、2を注ぐ。

湯むきしたトマトに甘酸っぱいスープをかけるだけ。漬けないから、果汁が中にたっぷりのまま。

アボカドのサラダ チリ風味

チリペッパーのスパイシーな香りと辛みが、アボカド独特のまったり感をピリッと引き締めます。

材料（2人分）
- アボカド（完熟のもの） — 1個
- くるみ（殻をむいたもの・無調味） — 10粒
- オリーブ油 — 小さじ2
- 塩（フレークソルト） — ひとつまみ
- チリペッパー（パウダー） — 少々

つくり方
1　アボカドは縦にぐるりと包丁を入れて半割りにし、皮と種を取り除き、一口大の乱切りにする。くるみは粗く刻む。

2　ボウルにオリーブ油、塩を入れて混ぜ合わせ、アボカドを加えてあえる。くるみを加え、全体に味をからめるようにあえる。

3　器に盛り、チリペッパーをふる。

itsuko makita

じゃがいものターメリッククリーム

丸ごとゆでたメークインは、ねっとりした味わい。ターメリックのさわやかな刺激がアクセントに。

材料（2人分）

じゃがいも（メークイン） — 2個
ターメリッククリーム
- 生クリーム* — 1/2カップ
- にんにく（すりおろし） — 小さじ1/8
- ターメリック（パウダー） — 小さじ1/8
- 塩 — 適量
- 水溶き片栗粉（片栗粉小さじ1/4＋水小さじ1）

粗びき黒こしょう — 少々

*乳脂肪分42％のものがおすすめ。

つくり方

1 じゃがいもはよく洗って皮ごと鍋に入れ、たっぷりの水を加えて中火にかける。煮立ったら軽く煮立つ程度に火を加減し、柔らかくなるまで15分ほどゆでる。

2 ターメリッククリームをつくる。小鍋に生クリーム、にんにく、ターメリックを入れて混ぜながら弱火で温め、塩で味をととのえる。軽く煮立ち始めたら、水溶き片栗粉を加えながらかき混ぜ、軽くとろみがついたら火を止める。

3 じゃがいもの皮をむいて器に盛り、温かいターメリッククリームをかけ、黒こしょうを散らす。

にんじんの独特の甘み、歯応えを楽しむシンプルサラダ。レモンのフルーティーな酸味が合います。

にんじんのレモンサラダ

材料（2人分）

にんじん — 1本
ドレッシング
- レモン（しぼり汁）— 大さじ2
- 塩 — 小さじ1/2
- 粗びき黒こしょう — 少々
- オリーブ油 — 大さじ2

つくり方

1　にんじんは斜め薄切りにしてからせん切りにする。

2　ドレッシングをつくる。ボウルにレモン、塩、黒こしょうを入れてよく混ぜ合わせてから、オリーブ油を加えてざっと混ぜる。

3　2に1のにんじんを加えてからめ、冷蔵庫に20分ほどおいて味をなじませる。

セロリを塩でもみ、浅漬け感覚のさっぱりサラダに。セロリとディルの個性がしっくりなじみます。

塩セロリ ディル風味

材料（2人分）

セロリ（茎）— 1本分（正味100g）
ディル — 1〜2本
レモン — 1/8個
塩 — 小さじ1/4

つくり方

1　セロリは筋を取り、横に2〜3mm厚さに切る。ディルは真ん中の太い茎を除き、葉をみじん切りにして小さじ1ほど用意する。

2　セロリをボウルに入れ、塩をふってからめて15分ほどおく。

3　2のセロリの水けをしぼってボウルに入れ、1のディルを加えてからめるようにしてあえる。

4　器に盛り、レモンを添える。果汁をしぼりかけて食べる。

itsuko makita

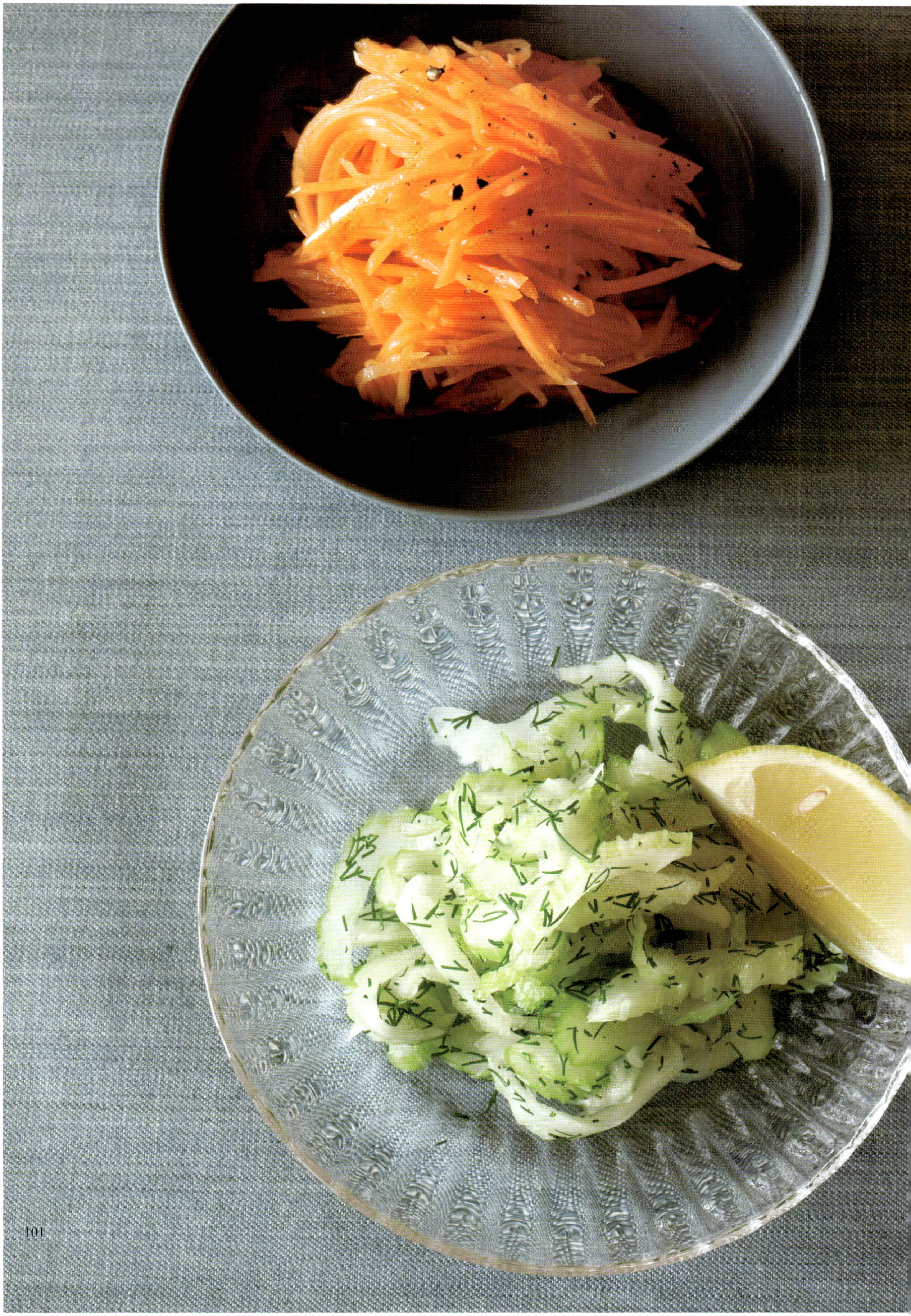

サニーレタスのヨーグルトドレッシング

材料（2人分）

サニーレタス ── 1/2個

ドレッシング
- プレーンヨーグルト ── 大さじ3
- オリーブ油 ── 大さじ1
- レモン（しぼり汁）── 小さじ2
- 粒マスタード ── 小さじ1
- 塩、白こしょう ── 各少々

つくり方

1 　サニーレタスは水に放してシャキッとさせ、一口大にちぎり、ペーパータオルで水けをふく。

2 　ドレッシングの材料を混ぜ合わせる。

3 　大きめの器*にサニーレタスを盛る。ドレッシングをかけ、よくあえて食べる。

* 器が小さい場合は、ボウルの中でサニーレタスにドレッシングをからめてから盛りつけるとよい。

ヨーグルト、レモン、粒マスタードの3つの酸味で深みのある味に。

かぼちゃの温サラダ

材料（2人分）

かぼちゃ ── 1/4個

バター ── 適量

塩 ── 少々

粗びき黒こしょう ── 適量

つくり方

1 　かぼちゃは種とわたを取り除き、皮をそぐようにしてむき、3〜4cm角に切る。

2 　鍋にかぼちゃを入れて水をひたひたに注ぎ、少しずらしてふたをし、中火にかける。煮立ったら、ふつふつと煮立つくらいに火を加減し、竹串が通る柔らかさになるまでゆでる。

3 　湯をこぼし、ふたたび中火にかけて鍋を揺すり、余分な水分をとばす。

4 　熱いうちに器に盛ってバターをのせ、塩をふる。黒こしょうを添え、好みの量を散らす。

バター、塩、黒こしょうだけで、かぼちゃのまろやかな甘みを堪能。

itsuko makita

もやしの辛みサラダ

材料（2人分）

- もやし — 1袋（250g）
- ピーナッツ（炒ったもの・無調味）— 20g
- ドレッシング
  - しょうゆ — 小さじ1強
  - 太白ごま油* — 小さじ1強
  - ラー油 — 小さじ1/2
  - 砂糖 — ひとつまみ

* P107参照。

つくり方

1　もやしはひげ根と芽を除く。鍋に湯を沸かし、もやしを入れて20秒ほどゆでてざるに上げる。すぐに盆ざるなどに広げ、水けをきりながら冷ます。

2　ピーナッツは薄皮を除き、半割りにする。

3　ドレッシングの材料をボウルに入れて混ぜ合わせ、もやし、ピーナッツを加えてあえる。

4　器に盛り、好みでさらに少量のラー油（分量外）をかける。

あっさりしたもやし、コクのあるピーナッツのメリハリが絶妙。ラー油で辛みと豊かな風味をつけて。

焼きなすの冷製

材料（2人分）

なす ── 4個
白ごま ── 小さじ1
ごま油 ── 大さじ1/2
塩 ── 適量
粉山椒 ── 少々

つくり方

1　オーブンの天板にオーブン用シートを敷いてなすを並べる。250℃に予熱したオーブン*に入れ、両面に焦げ目がしっかりつき、全体が柔らかくなるまで焼く。

2　皮をむいてバットなどに並べ、粗熱がとれたら冷蔵庫に入れ、冷やす。

3　へたを切って食べやすい太さに裂き、器に盛る。ごまを散らし、ごま油、塩、粉山椒をふる。

*オーブンの代わりにオーブントースター、魚焼きグリルなどで焼いてもよい。

ふっくら、とろりとした焼きなすの凝縮された味わいを、シンプルな塩味が引き立てます。涼やかな山椒の香り、辛みがアクセントになって、ひとひねりきいた新鮮なおいしさに。

itsuko makita

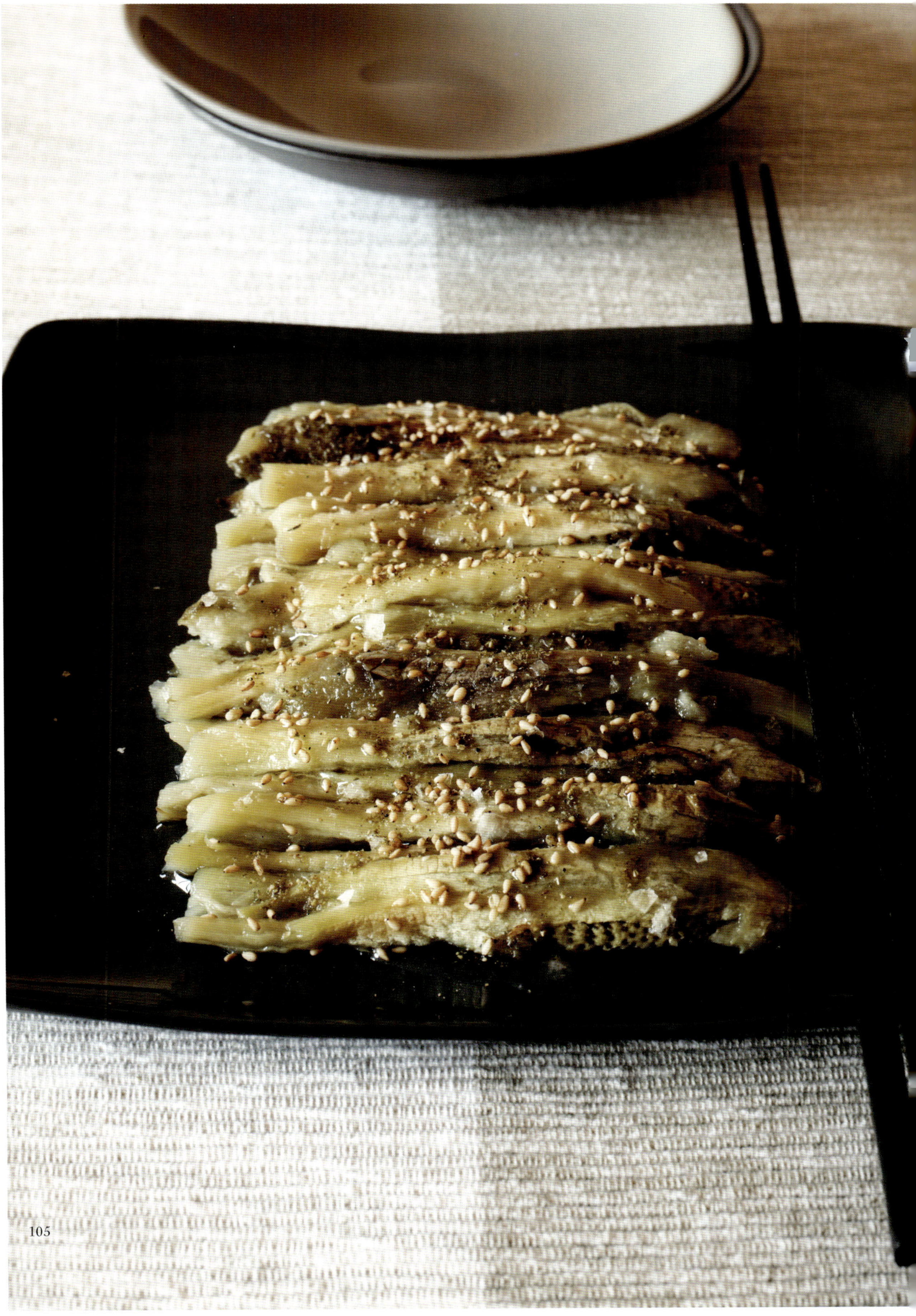

サラダに使う調味料について

サラダはシンプルな仕立ての料理だから、塩・酢・油といった基本的な調味料にこだわって質のよいものを使うと、仕上がりがぐっと変わります。ここでは食のプロ7人の愛用の調味料を紹介。

渡辺有子さんの『イタリアの白バルサミコ酢』

渡辺さんが好んで使うバルサミコ酢は、イタリアの「バルサモ・ビアンコ」。ほぼ無色透明で、酸味や香りが柔らかく、フルーティーな味わいが特徴。一般的な褐色のバルサミコ酢とは違い、色が料理に影響しないところも使いやすい。

飛田和緒さんの『合わせて使う味わい違いの酢』

酢の合わせ使いをよくするという飛田さん。マリネやフレンチドレッシングなどに使う、ミツカン「ドレッシングビネガー」（左）は、レモン汁と合わせて使うことも。飯尾醸造「富士すし酢」（右）は甘みがあるので、米酢などに加えるとまろやかな酸味に。

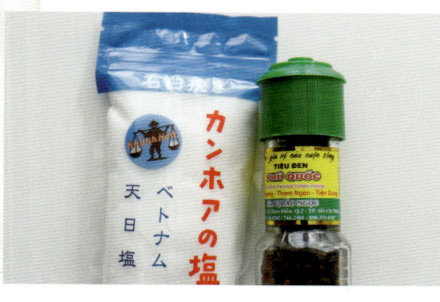

カノウユミコさんの『ベトナムの塩、こしょう』

カノウさんがこだわるのは塩とこしょう。愛用しているこちらはベトナム産のもの。天日干しでつくられる「カンホアの塩」（左）は、塩けがまろやかでうまみがある。フーコック島産の黒こしょう（右）は、香りが上品で、ほのかに甘みも感じられる。

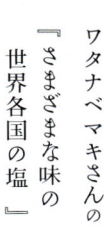

ワタナベマキさんの「さまざまな味の世界各国の塩」

おいしそうな自然塩を見つけるとつい買ってしまうワタナベさん。写真左上から時計回りにフランス・ゲランドの塩、イスラエルの塩、ハワイの塩2種、オーストラリアの塩。塩けの強いものはサラダや焼きものに、甘めの塩は煮込み料理に、と使い分け。

なかしましほさんの「アジアの料理に使う調味料」

写真左から、村山造酢「千鳥酢」(米酢)、タイの魚醤・ナンプラー、タイのシーズニングソース、平出油屋「菜種油」。大豆が原料の濃厚なシーズニングソースは、隠し味に使うとコクが出る。特有の風味とコクがある菜種油は、焼き菓子にも使える。

瀬戸口しおりさんの「まろやかな塩とオリーブ油」

瀬戸口さんが愛用する塩とオリーブ油。インドネシア・バリ島産の海水天然塩(左)は粒が大きく、塩けが強すぎず、味わいがある。ギリシャ・クレタ島産のエキストラバージンオリーブ油(右)はくせがないので、生食から加熱調理まで広く使っている。

牧田敬子さんの「フレークソルトと生しぼりごま油」

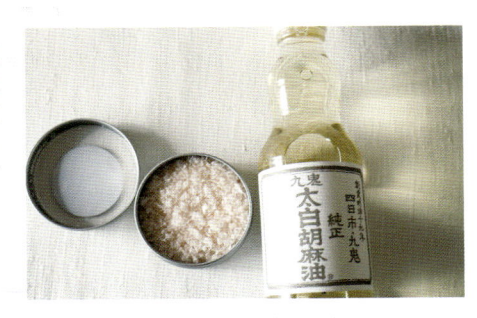

旅先のオーストラリアでいつも買い求める天然のピンク色のフレークソルト(左)は、粒の食感がよく、塩けがまろやか。サラダをあえるときも、仕上げにも使う。九鬼産業「太白胡麻油」(右)は、くせがなく軽やかで、サラダに限らず広く使っている。

サラダに使う道具について

野菜の下ごしらえから、ドレッシングづくり、盛りつけ、取り分けまで、サラダづくりに欠かせないお気に入りの道具や食器を7人に紹介してもらいました。

渡辺有子さんの『サラダが映える白い大皿』

サラダに多用する白い大皿。写真はいずれもヨーロッパの古い器。オーバル形の平皿は、盛りつけのバリエーションを持たせやすく、長テーブルに置いたときにどの席からでも取りやすいという利点が。サーバーは柄が短いほうがじゃまにならない。

飛田和緒さんの『把手つきのミニボウル』

少量の食材を調理するときに飛田さんが多用している、ティーカップのようなサイズと形の把手つきボウル。ドレッシングの調味料を混ぜるほか、細かく刻んだ薬味野菜を水にさらしたり、少量の野菜を塩でもんだりするのにも重宝している。

カノウユミコさんの『ドレッシングづくりの道具』

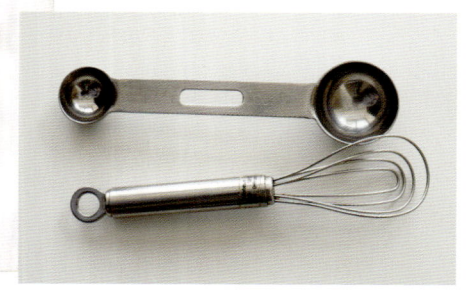

カノウさんの計量スプーン（上）は、両端が大さじ、小さじになっているので1本ですみ、作業もスムーズ。ドレッシングづくりに使う泡立て器（下）は、ワイヤー部分が交差せず、一方のみにカーブした形。ボウルの側面にしっかり沿わせて混ぜられる。

ワタナベマキさんの『サーバーいろいろ』

15cm長さくらいのサーバーを、素材や形違いでたくさん持っているワタナベさん。あえる、盛りつけるなどの調理の道具としても、取り分けのサーバーとしても使っている。テーブルに出すには、柄が短いもののほうが見た目もかわいくて好み。

なかしましほさんの『性能のいいおろし金』

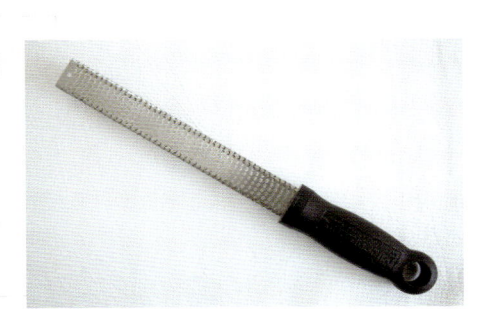

なかしまさんが、自らの店で出すお菓子づくりにも日々使っている、アメリカ・マイクロプレイン社のグレーダー（おろし金）。特に柑橘類の皮をすりおろすのに便利で、白いわたの部分までえぐらず、薄くこそげるようにおろすことができる。

瀬戸口しおりさんの『どんぶりと木のトング』

落ち着いた色目の3色の器（左）は、瀬戸口さんの友人でもある陶芸家、くまがいのぞみさん作。どんぶりではあるが、サラダも盛りやすい形、サイズ、色で、野菜がよく映える。木製の小ぶりのトング（右）は、サラダのサーバーとして活用。

牧田敬子さんの『ペーパータオルと細身のゴムべら』

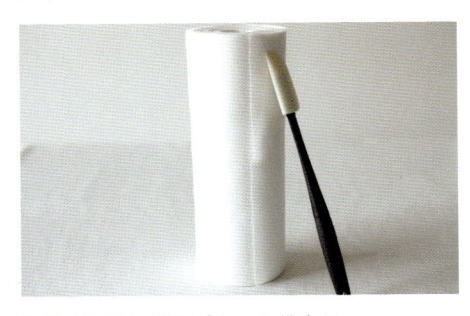

牧田さんが日常使いする、不織布の大判ペーパータオル（左）。丈夫で手触りもよく、野菜の水けを取るのに欠かせない。細身のゴムべら（右）は耐熱性が高く、加熱したソースも混ぜられる。ドレッシングをボウルの側面からすくい取るのにも便利。

素材別さくいん

《青じそ》
玄米と和ハーブのライスサラダ―42

《アボカド》
アボカドのサラダ チリ風味―98
焼きアボカドとえびのヨーグルトサラダ―14
ゆで卵とアボカドのサラダ―26

《いちご》
いちごと合鴨スモークのサラダ―26

《うど》
きんかんとうどのサラダ―91

《枝豆》
きゅうりと枝豆のアンチョビサラダ―16

《オクラ》
キャラメルりんごとクスクスのサラダ―90

《オレガノ》
オレガノ、フルーツトマト、塩豆腐のサラダ―36

《貝割れ菜》
きゅうりと枝豆のアンチョビサラダ―16

《柿》
柿と黒米玄米、香菜のサラダ―84

《かぶ》
かぶとオイルサーディンのカルパッチョ風―22
キャラメルりんごとクスクスのサラダ―90
さわら、かぶ、グレープフルーツのサラダ（かぶ・赤かぶ）―9
ぶどうのサラダ 塩麹ドレッシング―85

《かぼちゃ》
かぼちゃとココナッツミルクのサラダ―77
かぼちゃの温サラダ―102
グリルかぼちゃのサラダ―40

《カリフラワー》
キャラメルりんごとクスクスのサラダ―54
白いんげん豆とカリフラワーのビネガーサラダ―90

《きのこ類》
いちごと合鴨スモークのサラダ（ブラウンマッシュルーム）―83
きのこと焼きねぎのカルパッチョ風（エリンギ）―39
半干しきのことさや豆のゆずこしょうサラダ（しめじ・まいたけ・しいたけ）―59
ロメインレタスとクルトンのサラダ（ホワイトマッシュルーム）―23

《キャベツ》
せん切りキャベツのサラダ―28
蒸し鶏とキャベツのコールスロー―71
焼きキャベツとそら豆のドライトマトソースがけ―51
焼きキャベツとルッコラのサラダ―43

《きゅうり》
柿と黒米玄米、香菜のサラダ―84
きゅうりと枝豆のアンチョビサラダ―16
きゅうりとハーブのサラダ―74
しば漬けのサラダ―25
冬瓜とスウィーティーのサラダ―88
長野のやたら―50
半干しきゅうりと黒米のサラダ―43

《きんかん》
きんかんとうどのサラダ―91

《クレソン》
いちごと合鴨スモークのサラダ―83
いわしとクレソンのサラダ―76
牛肉とクレソンのサラダ―11
くし切りレタスとしらすのサラダ ゆで卵添え―30
クレソンのサラダ―96
大豆とたこのケイパーサラダ―52

《グリーンアスパラガス》
押し麦とハムとアスパラのサラダ―13

《グレープフルーツ》
さわら、かぶ、グレープフルーツのサラダ―9

《ゴーヤー》
冬瓜とスウィーティーのサラダ（スウィーティー）―88

《さやいんげん》
夏野菜の中近東ハーブサラダ―38
えびと温野菜のピーナッツソース―78
半干しきのことさや豆のゆずこしょうサラダ―59

《じゃがいも》
じゃがいもとセルフィーユのサラダ ズッキーニドレッシング―44
じゃがいもとレンズ豆のクミンサラダ（新じゃがいも）―58
じゃがいものターメリッククリーム（メークイン）―99
香菜ポテトサラダ―70
せん切りじゃがいものわさび酢あえ（メークイン）―29
香菜入りロシア風ポテト包み―69
りんご入りロシア風ポテト包み―92
レモンそぼろのレタス包み―69

《香菜（シャンツァイ）》
柿と黒米玄米、香菜のサラダ―84
刺身とラディッシュのマリネ―72
香菜ポテトサラダ―70
レモンそぼろのレタス包み―69

《白いんげん豆》
白いんげん豆とカリフラワーのビネガーサラダ―54

《ズッキーニ》
じゃがいもとセルフィーユのサラダ ズッキーニドレッシング―44
ズッキーニといかのグリルサラダ―12
メロンとズッキーニ、カッテージチーズのサラダ―86

《スナップえんどう》
えびと温野菜のピーナッツソース―78
押し麦とハムとアスパラのサラダ―13
半干しきのことさや豆のゆずこしょうサラダ―59

《セルフィーユ》
じゃがいもとセルフィーユのサラダ ズッキーニドレッシング―44
にんじんとハーブ卵焼きのサラダ―100

《セロリ》
塩セロリ ディル風味―18

《そら豆》
白いんげん豆とカリフラワーのビネガーサラダ―54
焼きキャベツとそら豆のドライトマトソースがけ―51

《大根》
切り干し大根としょうがの黒酢サラダ―56

《大豆》
大豆とたこのケイパーサラダ―52

《玉ねぎ》
柿と黒米玄米、香菜のサラダ（赤玉ねぎ）―84
きゅうりと枝豆のアンチョビサラダ（赤玉ねぎ）―16

110

《漬けもの類》
にんじんとハーブ卵焼きのサラダ―18
しば漬けのサラダ（しば漬け）―24
長野のやたら（きゅうりのみそ漬け）―25
なしの韓国風サラダ（白菜キムチ）―82

《冬瓜》
冬瓜とスウィーティーのサラダ―74
グリルかぼちゃとディルのサラダ―40
塩セロリ ディル風味―100

《ディル》
きゅうりとハーブ卵焼きのサラダ―18
長野のやたら（きゅうりのみそ漬け）―25
ゆで卵とアボカドのサラダ―28
焼きなすの冷製―35

《トマト》
オレガノ、フルーツトマト、塩豆腐のサラダ（フルーツトマト）―36
柿と黒米玄米、香菜のサラダ―84
トマトのおひたし（フルーツトマト）―28
夏野菜の中近東ハーブサラダ―38

《とうもろこし》
夏野菜の中近東ハーブサラダ―38

《チャイブ》
にんじんとハーブ卵焼きのサラダ―18
ぶどうのサラダ 塩麹ドレッシング―85
昔ながらのマカロニサラダ―26
ひじきとれんこんの梅サラダ（赤玉ねぎ）―57

《なし》
ドライマンゴーとにんじんのサラダ―89

《なす》
長野のやたら―25
焼きなすとじゃこのサラダ―10
焼きなすのバジルアーモンドソースがけ―55
焼きなすの冷製―35
なすの韓国風サラダ―82

《にんじん》
ドライマンゴーとにんじんのサラダ―89
にんじんとハーブ卵焼きのサラダ―18
にんじんのサラダ ローズマリー風味―54
にんじんのソムタム風―68

《バジル》
トマトと牛肉のハニーバジルサラダ―8
きのこと焼きねぎの辛みサラダ（長ねぎ・細ねぎ）―42
玄米と和ハーブのライスサラダ（細ねぎ）―39
夏野菜の中近東ハーブサラダ―38

《パセリ》
夏野菜の中近東ハーブサラダ―38
焼きなすのバジルアーモンドソースがけ―55

《ひじき》
ひじきと春雨のジンジャーサラダ―75
ひじきとれんこんの梅サラダ―57

《ピーマン》
昔ながらのマカロニサラダ―26

《ぶどう》
ぶどうのサラダ 塩麹ドレッシング―85

《ブロッコリー》
えびと温野菜のピーナッツソース―78

《水菜》
しば漬けのサラダ―24

《ミニトマト》
牛肉とクレソンのサラダ―76
トマトと牛肉のハニーバジルサラダ―8
夏野菜の中近東ハーブサラダ―38
ミニトマトのはちみつレモンスープ―97
焼きキャベツとそら豆のドライトマトソースがけ―51

《みょうが》
玄米と和ハーブのライスサラダ―42
焼きキャベツとルッコラのサラダ―43
焼きなすとじゃこのサラダ―10

《ねぎ》
刻み麩と長ねぎの辛みサラダ（長ねぎ）―53
きのこと焼きねぎの辛みサラダ（長ねぎ・細ねぎ）―42
玄米と和ハーブのライスサラダ（細ねぎ）―39
夏野菜の中近東ハーブサラダ―38
蒸し鶏とキャベツのコールスロー―71
にんじんのレモンサラダ―100
半干しにんじんとささみのレモンマリネ―56
ぶどうのサラダ 塩麹ドレッシング―85
昔ながらのマカロニサラダ―26
夏野菜の中近東ハーブサラダ―38

《ミント》
牛肉とクレソンのサラダ―76
きゅうりとハーブのサラダ―74
夏野菜の中近東ハーブサラダ―38

《メロン》
メロンとズッキーニ、カッテージチーズのサラダ―86

《もやし》
もやしの辛みサラダ―105

《ラズベリー》
れんこんと白身魚のカルパッチョ―17

《ラディッシュ》
刺身とラディッシュのマリネ―72
りんご入りロシア風ポテトサラダ―92
さわら、かぶ、グレープフルーツのサラダ―38

《りんご》
キャラメルりんごとクスクスのサラダ―90
りんご入りロシア風ポテトサラダ―92
さわら、かぶ、グレープフルーツのサラダ―38

《ルッコラ》
焼きキャベツとルッコラのサラダ―43
ゆで卵とアボカドのサラダ―26

《レタス》
いちごと合鴨スモークのサラダ（リーフレタス）―85
くし切りレタスとしらすのサラダ―30
サニーレタスのヨーグルトドレッシング（サニーレタス）―9
しば漬けのサラダ―24
ズッキーニといかのグリルサラダ（ブーケレタス）―12
レモンそぼろのレタス包み―69
ロメインレタスとクルトンのサラダ（ロメインレタス）―25

《レンズ豆》
じゃがいもとレンズ豆のクミンサラダ―58

《れんこん》
ひじきとれんこんの梅サラダ―57
れんこんと白身魚のカルパッチョ―17

《ローズマリー》
にんじんのサラダ ローズマリー風味―54

*ここでは、サラダのメイン食材（肉類、魚介類、穀類、卵類、大豆加工品は含まない）を取り上げています。
少量しか使われていない野菜は含まれていません。

デザイン	天野美保子
撮影	木村拓（東京料理写真）
取材	保田さえ子
校正	安久都淳子
編集	広谷綾子

わたしの
とっておき
サラダ

2012年6月1日　第1版発行

著　者　渡辺有子　飛田和緒　カノウユミコ
　　　　ワタナベマキ　なかしましほ
　　　　瀬戸口しおり　牧田敬子
発行者　柳楽節雄
発行所　社団法人　家の光協会
　　　　〒162-8448　東京都新宿区市谷船河原町11
　　　　電話　03-3266-9029（販売）
　　　　　　　03-3266-9028（編集）
　　　　振替　00150-1-4724

印　刷　シナノ印刷株式会社
製　本　シナノ印刷株式会社

乱丁・落丁本はお取り替えいたします。
定価はカバーに表示してあります。

©IE-NO-HIKARI Association 2012　Printed in Japan
ISBN978-4-259-56370-7 C0077